Methodik
der Form- und
Bildgestaltung

Manuel
de Création
Graphique

METHODIK
DER FORM- UND
BILDGESTALTUNG

Aufbau
Synthese
Anwendung

MANUEL
DE CRÉATION
GRAPHIQUE

Forme
Synthèse
Application

GRAPHIC
DESIGN
MANUAL

Principles
and
Practice

Armin
Hofmann

Verlag Niggli AG
Sulgen | Zürich

Layout:
Armin Hofmann, Basel
English version:
D. Q. Stephenson, Basel
French version:
Michèle Tournier, Paris
All the illustrations contained in this book
are reproductions of studies executed
in the Graphic Course (Fachklasse) of
the AGS, Basle
Photographs:
Max Mathys and Rolf Schröter, Zurich
Esther and Paul Merkle, Basel
Photoklasse AGS, Basel
Hans Isenschmid, Basel
Printed in Switzerland by Heer Druck AG, Sulgen
Bound by Buchbinderei Burkhardt AG, Mönchaltorf

Inhalt

Index

Contents

Wir Menschen von heute müssen uns mehr und mehr anstrengen, um mit der ständig komplizierter werdenden Umwelt Schritt halten zu können. Aber trotz all unserer Bemühungen, die Dinge zu vereinfachen, ist in unserer Zeit nichts mehr ganz einfach. Sogar in der Kunst, die bisher traditionsgemäß der Welt des Geistes und der Sphäre der Empfindungen zugeordnet wurde, lässt sich die Gestalt des Künstlers nicht mehr mit der gewohnten Selbstverständlichkeit umreissen. Bedrängt von der wachsenden Technisierung, der kommerziellen Konkurrenz und den verwirrenden Anforderungen einer sich rasch wandelnden Umwelt hat sich auch der Künstler, gleich wie der Wissenschaftler, sein ihm noch immer fremd gegenüberstehender Bruder, sozusagen aufgespalten.

Wie immer auch er sich als spezialisierter Künstler heute nennen mag, er leidet genau so wie wir alle unter den Erschütterungen, die das Leben in einer Periode tiefgreifender Umwälzungen begleiten. Ein jeder Wechsel bringt Härten mit sich. Das Ausmaß und Tempo der Veränderungen, die heute im Gange sind, übersteigen jedoch oft die Grenze des Erträglichen.

In der im Kommen befindlichen Zeit zeichnet sich eine neue Landschaft mit einem veränderten Klima ab. Schon heute ist die Technik zum bestimmten Faktor unserer Existenz geworden. Ideologien, die in eindeutigem Widerspruch dazu stehen, verlieren ganz einfach ihren Sinn. Im täglichen Leben bleibt kein Gebiet mehr übrig (und auch bald kein Fleck mehr auf unserem Planeten), auf dem die Technik nicht ihre beherrschenden Einfluss geltend macht. Unter diesem massiven Ansturm tritt die Natur – einschließlich der menschlichen Spezies – in den Hintergrund zurück. Dem Individuum wird sozusagen das Messer auf die Brust gesetzt: es muss sich in den fügsamen Bestandteil eines Systems verwandeln. Der Mensch hat sich mit der Tatsache abzufinden, dass das heute zur Verfügung stehende Wissen viel zu komplex geworden ist, als dass es noch von einem Einzelnen auch nur in der allgemeinen Form umfasst werden könnte. Es wird ihm zu verstehen gegeben, dass seine Arbeit kein Ganzes, sondern nur ein Fragment darstellt, und dass er sich weder um das Endprodukt noch um das Endziel zu kümmern habe. Schließlich wird er auch noch ständig von warnenden Kassandra-Rufen daran erinnert, dass seine jetzige, unbedeutende Tätigkeit schon durch den nächsten Schritt der Entwicklung der Automation gänzlich überflüssig werden könnte.

Die Aufgabe, die sich für uns alle stellt, besteht darin, nach Möglichkeiten zu suchen, die uns erlauben, in dieser neuen Landschaft und in diesem andersartigen Klima eine menschliche Befriedigung zu finden. Die Lösungen liegen keineswegs auf der Hand, wie uns dies in den wenigen Jahren seit dem Zweiten Weltkrieg durch das Beispiel der Malerei klargemacht wurde. Die Maler, eine kleine besondere Gruppe von Menschen, die gegenüber Veränderungen der Umwelt viel empfindlicher sind als die meisten anderen, haben mit erstaunlicher Raschheit und Heftigkeit auf die moderne Entwicklung reagiert, indem sie eine Reihe von Stilen, Perioden und Experimenten auf eine Weise durchlaufen haben, für die es in der Geschichte der Kunst keine Parallele gibt.

Nichts wäre naheliegender, als mit leiser Wehmut – wenn auch wohl unrichtigerweise – Bilder einer guten alten Zeit heraufzubeschwören, in welcher der junge Lehrling das Atelier des Meisters besuchte, um von ihm zu lernen, wie man Farbe verreibt, Hintergründe malt, in der Art des Meisters skizziert und schließlich auch, wie man vom Zeitgeist bevorzugte Motive – etwa die klassische Legenden – behandelt. Es wäre sicher reizvoll, eine so idealisierende Auffassung mit jener zu konfrontieren, die in diesem Buche vertreten wird und die effektiv besagt, dass dem Begriff Kunst überhaupt kein allgemeingültiges Stoffgebiet zugeordnet werden kann. Tatsächlich lässt sich über die Kunst als solche nirgends mehr eine Übereinstimmung feststellen. Dieser Umstand zwingt uns, zu den Anfangsgründen zurückzukehren; wir müssen uns wieder mit dem Punkt, dem Kreis, der Linie und ähnlichen Dingen beschäftigen.

Es wäre verlockend – und zudem äußerst zeitgemäß –, in diesem Buche nach neuen Beweismaterial dafür zu suchen, dass das moderne Leben einem geistigen Vakuum gleichkommt. Aber dies wäre völlig abwegig, da Armin Hofmann etwas ganz anderes sagen will. Sowohl mit Worten wie mit Bildern drückt er aus, dass das heutige Leben in der Tat hoffnungslos zerstückelt ist, und daß sich dieser Umstand in der Erziehung widerspiegelt. Aber statt diese Tatsache zu bedauern, zieht er es vor, sie zu akzeptieren. Er stellt ganz einfach fest, dass die Struktur der angewandten Kunst eine grundlegende Änderung erfahren habe und daß sich noch weitere Umwälzungen anbahnen.

Es ist aufschlußreich, dass Hofmann auf Grund seiner Stellungnahme zu gleichen Überlegungen gelangt, wie einsichtige Vertreter anderer Disziplinen. So sagt er: «Wir müssen uns an den Gedanken gewöhnen, dass unser geistiges und berufliches Rüstzeug ständig zu erneuern ist.» Gleichlautende Schlussfolgerungen werden auch von jenen Leuten gezogen, die sich mit dem Problem der durch die technischen Fortschritte bedingten Verdrängung der menschlichen Arbeitskraft befasse. Es ist eines der wesentlichen Anliegen Hofmanns, dass in einer Welt, in der alte Richtlinien ihre Gültigkeit verloren haben, eine neue Form der «Einheit» gefunden werde. Kategorisch weist er die Auffassung zurück, daß «die künstlerische Ausbildung autonom» sei. Er fordert die Aufhebung der «Trennung zwischen gefühlsbetontem spontanem Arbeiten und gedanklich gebundenem Vorgehen». Dies sind die Worte eines Künstlers und Lehrers; das gleiche könnte auch ein Wissenschaftler oder ein Staatsmann gesagt haben.

Ganz eindeutig hat Hofmann sich dazu entschlossen, die Verantwortungen eines Bürgers der neuen Welt auf sich zu nehmen. Weil er jedoch ein wahrhaft bescheidener und ganz seiner Arbeit hingegebener Mensch ist, wäre es leicht möglich, daß die Bedeutung seines schlichten Buches übersehen wird. Aber sogar wenn man seinen Worten nicht die ihnen gebührende Beachtung schenkte, würde nur ein völlig abgestumpfter Mensch die außerordentliche Schönheit und Feinheit des Bildmaterials nicht wahrnehmen, mit dem Hofmann seine Gedanken veranschaulicht. Diese ansprechenden Illustrationen rufen uns in Erinnerung, daß sogar ein Bach es nicht unter seiner Würde hielt, Fingerübungen zu schreiben, und daß, weil er sie schrieb, sie mehr sind als nur Fingerübungen. Hätten wir nur mehr Lehrer mit der künstlerischen Integrität, der umfassenden Intelligenz und dem tiefen Verantwortungsbewußtsein, wie Armin Hofmann sie aufweist: die Lösung all der schwierigen Probleme der künstlerischen Erziehung und Ausbildung wäre um vieles leichter.

Georg Nelson

Vorwort zur Neuauflage 1988

Das Buch erschien erstmals 1965 und erscheint nun neu in einer revidierten 4. Auflage. Es ist ein Versuch, die Probleme des Bild- und Formgestaltens methodisch anzugehen.

Die heutigen medienspezifischen Entwicklungen lassen dem Werk, seiner grundsätzlichen Anlage wegen, erneut besondere Bedeutung zukommen. In zugänglicher Weise behandelt es erzieherische Probleme der visuellen Gestaltung. Besonders hervorzuheben sind die panmässig aufgebauten Übungsreihen, in denen konzeptionelles Denken, immer mit Bezug zur Praxis, veranschaulicht wird.

Die automatische Textverarbeitung mittels Personalcomputer (PC) findet immer stärkere Verbreitung. Das Desktop-Publishing-Verfahren (automatischer Bürosatz) wird vorwiegend von Personen wahrgenommen, die über wenig oder keine graphischen und typographischen Grundkenntnisse verfügen. Für diesen Anwenderkreis bildet das vorliegende Werk eine wertvolle Einführung.

Armin Hofmann

Den künstlerischen Problemen wird in unseren Schulen allgemein zu wenig Beachtung geschenkt. Es fehlt die schöpferische Mitte, von der aus jede Erkenntnis wächst und jeder Begabungszweig gespiesen wird. Tätigkeiten, denen das Kind von den ersten Lebensjahren an selber großes Gewicht beimißt, wie Spielen, Darstellen, Formen, Zerlegen usw., verlieren in der Schule immer mehr an Gewicht. Wenn während des Primarschulunterrichtes im Schriftschreiben, in den Turn- und Spielübungen, im Zeichenunterricht, beim Singen und Musizieren und auch in handwerklichen Übungen noch Ansätze einer künstlerischen Gesamtlinie zu sehen sind, so verliert diese Fächergruppe im Verlauf der weiteren Ausbildung mehr und mehr an Profil. Der Sprachunterricht, der sehr wohl in der Lage wäre, schöpferische Impulse zu vermitteln, bleibt in den meisten Fällen auf der Stufe des «unbedingt Notwendigen» stehen oder wendet sich in den Mittelschulen vorwiegend dem überlieferten Stoff zu. Man betreibt wohl Literaturgeschichte, aber die eigene Vorstellungswelt und die persönliche Ausdrucksform des Schülers können sich nicht genügend entwickeln. Isoliert und im gesamten Lehrplan ohne großes Gewicht muß schließlich der Zeichenunterricht allein die Anliegen einer Ausbildung erfüllen, in der Denken, Erfinden, Darstellen, Übersetzen, Abstrahieren in einen Gesamtzusammenhang zu bringen sind. Da die Schulen die künstlerische Tätigkeit als Prüfungsfach ausklammern, ergibt sich auch von dieser Seite her, daß das Zeichnen völlig als Nebenfach bewertet wird.

Auch die Fach- und Hochschulprogramme enthalten, mit Ausnahme der rein künstlerischen Ausbildung, keine Kurse, in denen dem Prozeß des Gestaltens und Neuschöpfens allgemeinbildender Wert beigemessen wird. Der schöpferisch Begabte kann sich unter diesen ungünstigen Verhältnissen kaum mehr entfalten. Innerhalb eines Systems, dessen Hauptakzente auf dem heute gebräuchlichen Durchschnittswissen und der Stoffvermittlung liegen, wird er zu einem Außenseiter.

Was für Gründe können maßgebend sein für diese einseitige Orientierung des Ausbildungsweges? Ist es in erster Linie die Schule selbst, die glaubt, sich an einen Ausbildungsstoff halten zu müssen, der übertragbarer, meßbarer, stapelbarer ist, als es Tätigkeiten sind, bei denen sich Phantasie und schöpferische Kräfte entfalten können? Oder werden die Lehrprogramme durch das allgemein vorherrschende Streben nach Anhäufung von rasch und leicht erlernbarem Wissen von außen her beeinflußt? Wie immer auch eine derartig einseitige Ausrichtung auf Stoffvermittlung begründet ist, sie kann auf keinen Fall die Basis für eine sinnvolle Erziehungsarbeit sein. Fragen der Komposition, Kombination, Variation können innerhalb eines solchen Schulungsprogrammes nicht behandelt werden. Der schöpferische Mensch kann sich nicht entwickeln, seine wertvolle Anlagen verkümmern.

Zumeist wird angenommen, die künstlerische Ausbildung sei selbständig und unterliege nur ihren eigenen Gesetzen. Gerade dieser Irrtum ist es, der mich bewogen hat, den Problemen der künstlerischen Ausbildung einige Gedanken zur Gesamterziehung voranzustellen, um damit auf die enge gegenseitige Abhängigkeit der verschiedenen Bildungsziele hinzuweisen. Als natürliche Folge der lückenhaften künstlerischen Ausbildung während der obligatorischen Schuljahre werden der Kunstschule fast unlösbare Aufgaben überbunden. Vor allem zwei typische Merkmale zeigen sich heute beim Eintritt des Schülers in die künstlerischen Vorklassen immer deutlicher:
1. Eine grundsätzlich falsche Einschätzung des Aufgabenkreises, dem er als künstlerisch tätiger Mensch heute gegenübergestellt wird.
2. Verkehrtes Einsetzen der Kräfte innerhalb jedes zu lösenden Problems: dem Entwickeln und Laborieren mißt er keine Bedeutung bei, dem schnellen Erhaschen eines Resultates jede.

Diese zwei Punkte machen es meiner Ansicht nach vor allem notwendig, die Grundlagen der künstlerischen Vorlehre und der künstlerischen Fachausbildung zu überprüfen. Der Spekulation mit Bildwerten, die ja zum Teil eine Folge der basislosen Erziehung ist, muß frühzeitig entgegengetreten werden, besonders im

Hinblick auf die Erlernung von Berufen, die stark in die Belange des täglichen Lebens hineinwirken. Eine gute Aufbauarbeit, welche vorerst auf die Erkenntnis künstlerischer, schöpferischer und technischer Grundgesetze hinzielt, wäre nicht möglich, wenn Fakten der Spekulation, der Auswertung, des Geschmacks, der Mode und anderer schnell wandelbarer Einflüsse in den Unterricht miteinbezogen würden. Das will natürlich nicht bedeuten, dass Aufgaben bewältigt werden sollen, aus denen lediglich schwebende, unmeßbare Gebilde und Formulierungen herauswachsen. Im Gegenteil: Erkennbarkeit und Brauchbarkeit sind von allem Anfang an als Übungsziele miteinzubeziehen. Hier sind die ersten Stufen angewandter Tätigkeit zu erkennen. Wer mit einfachen Mitteln Fallendes, Aufsteigendes, Gegensätzliches, Abstrahlendes usw. darstellen kann, hat den ersten Schritt zur Anwendung getan. Anders dürfen wir die Tätigkeit innerhalb der angewandten künstlerischen Berufe nicht verstehen, denn als Dienstleistung zur Sichtbarmachung von Mitteilungen, Ereignissen, Ideen und Werten aller Art. Der Vorkurs dient dazu, eine tragfähige Ausgangslage vorzubereiten, von der aus gut begehbare Wege nach verschiedenen Richtungen abzweigen können. Der Graphikerberuf ist eine dieser Abzweigungen – vielleicht heute eine der wichtigsten. Aber wir dürfen nicht den Fehler machen, die Art des Vorkurses zu stark von diesem Beruf prägen zu lassen, denn gerade er unterliegt beständig den stärksten Verformungen und Wandlungen.

Beschränkte sich noch vor wenigen Jahren die Tätigkeit des Graphikers zur Hauptsache auf die Schaffung von Plakaten, Inseraten, Packungen, Zeichen usw., so hat sich heute sein Wirkungsfeld so ausgeweitet, daß es praktisch jedes Gebiet der Darstellung und Formgebung umspannt. Diese Ausweitung nimmt zwangläufig immer umfassendere Ausmaße an, aus Gründen, die hier nicht vollumfänglich dargestellt werden können. Es sei nur auf einen der wesentlichsten hingewiesen: durch die Industrialisierung und Automation wurden in den letzten Jahren eine ganze Reihe von Handwerkern, die im kunstgewerblichen Bereich eine

wichtige Rolle spielten, entweder ihrer schöpferischen und gestalterischen Funktion entblößt oder gar zum Verschwinden gebracht. Es bestehen Anzeichen dafür, daß neben dem Lithographen, Chemigraphen, Graveur, sowie neben dem Schriftenmaler, Möbelschreiner, Kunstschlosser usw. auch weitere, wichtige Exponenten der kunstgewerblichen Gruppe den Weg der vollen Technisierung gehen werden, wie z. B. der Schriftsetzer und der Buchdrucker. Durch die Veränderungen innerhalb dieser Berufe oder gar durch ihr Verschwinden, entsteht eine neue Situation. Die schöpferischen Aufgaben im Bereiche der erwähnten Berufe werden heute zum größten Teil dem Designer überbunden, die mechanischen mehr und mehr der Maschine. Die ganze Umstrukturierung hat zur Folge, daß der Designer von heute über Kenntnisse in der Photographie, der industriellen Formgebung, der Satztechnik, der Zeichnung, der räumlichen Darstellung, der Reproduktionstechnik, der Sprache usw. verfügen muß.

Es ist einleuchtend, daß eine Ausbildung, die von einer solch intensiven Umwälzung betroffen wird, ihre Akzente neu ordnen muß. Die Schaffung engerer Beziehungen zwischen Kräften, die sich bis jetzt isoliert gegenüberstanden, ist ein Thema, das weit über die Kunst hinausgeht und als Aufgabe unserer Zeit betrachtet werden muß. Von diesem Gesichtspunkt aus gesehen ist der Aufbau der meisten Ausbildungsprogramme nicht genügend und ungeeignet, frische Impulse zu verarbeiten. Es muß deshalb dringend gefordert werden, daß sich die Schule vom Resultatdenken entferne, um dadurch eine neue Basis freizulegen, mit Blick auf breitere Geschehnisse in ihren feineren und tieferen Zusammenhängen. Linie, Fläche, Farbe, Material, Raum, Zeit sollen als zusammenhängendes Ganzes vermittelt werden. Wird z. B. neben der zweidimensionalen Fläche auch der dreidimensionale Raum in die Sicht miteinbezogen, entstehen ganz neue Gegensatzpaare, ergeben sich viel mehr und viel reichere Konfrontationsmöglichkeiten, als es sie zuvor innerhalb der Fläche gab mit den Gegensätzen Punkt/Linie, dünn/dick, Kreis/Viereck, Verlauf/Härte usw. Das Dazufügen einer neuen

Dimensionen bedeutet eine Ausweitung der Gestaltungsprinzipien, nicht einfach im Sinne einer zahlenmäßigen Vermehrung der schon vorhandenen Disziplinen, sondern im Sinne der Vervollkommnung einer ständig sich ausdehnenden Einheit. Die einzelnen Werte müssen auf ihren gemeinsamen Grundnenner hin untersucht werden. Es ist notwendig, daß der Unterrichtsplan so aufgebaut wird und die Lehrkräfte so gewählt werden, daß jede gegenseitig Stoffdurchdringung möglich wird. Anstelle einer unüberblickbaren Fächeransammlung würde eine Einheit sichtbar, in welcher sich die einzelnen Teilwerte kontinuierlich durchdringen, sich gegenseitig fördern und bereichern. Auch scheinbar abseits liegenden Gebieten müßte mehr Beachtung geschenkt werden, um Ansatzpunkte zu neuen Kombinationen und Kräfteverschmelzung zu finden.

Dem Problem des Neuaufbaues der Grundschulung und der Fachausbildung bei künstlerischen Berufen muß vor allem im Hinblick auf die gewaltige technische und industrielle Entwicklung vermehrte Beachtung geschenkt werden. Selbst die Darstellungsmittel, mit denen wir uns bis jetzt auszudrücken gewohnt waren, fallen einer Technisierung anheim. Bleistift und Pinsel sind zwar noch als Grundwerkzeuge übriggeblieben, aber eine Industrie, die mechanische Instrumente und Stifte herstellt (alle mit den Merkmalen kleiner, praktischer Maschinen), beginnt den Schüler zu beeinflussen und zu verwirren. Eine Farbpapier-Industrie, deren Ziel es ist, jeden Farbton vorzufabrizieren, könnte das Farbmischen in Zukunft hinfällig werden lassen. Eine vollausgebaute Schrifttypen-Industrie verändert unsere ganze Arbeit mit der Schrift. Der Photoapparat mit allen seinen Möglichkeiten ihm zum äußersten Realismus, zur Abstraktion, Bewegung, Farbe usw. setzt ebenfalls eine neue küsntlerische Sicht voraus. Endlich steht im Hintergrund eine Reproduktionsindustrie, deren eigene Gesetze noch gar nicht voll erkannt sind und die im naiven Glauben, es handle sich lediglich um rationale Vorgänge, ständig neu verletzt werden.
Eine besondere Arbeit erwächst also der Schule in der Sichtung, Erprobung und

Gruppierung der fortwährend neu auf den Markt kommenden Instrumente, Darstellungs- und Produktionsmittel. Die Hersteller selbst geben sich meist wenig Rechenschaft über die Entwicklung, die sie einleiten. Man hat bis jetzt von der Schulseite her diesem Problem kaum Beachtung geschenkt. Man überließ den Studenten die Wahl der Mittel, da beispielsweise die wesensmäßig bedingte Stufung Ziehfeder/Feder/Bleistift/Kohle/Pinsel im Grauwert oder die Stufung Farbstift/Farbkreide/Pinsel in der Farbe bis gestern selbstverständlich funktionierte. Nun aber müssen wir plötzlich erkennen, daß durch den veränderten, mehr mechanischen, unpersönlichen Charakter der neuen Werkzeuge unsere Grundlage in Fragen gestellt werden. So erscheinen z. B. bereits die Umrisse eines neuen Zeichen- und Entwurfsstils, hervorgerufen durch Kugelschreiber, Filzstifte, Rapidographen usw.

Der Ansicht, man lebe in einer perfekt funktionierenden Ordnung, die keine persönlichen Anstrengungen und Einsätze mehr erfordere und in der Erfolg und finanzielle Sicherung sich zwangsläufig einstellen, sofern man nur technisch gut und modern ausgerüstet sei, muß die Schule ganz energisch entgegentreten. Die Mittel, die uns heute zum Gebrauch in die Hände gelegt sind, erweisen sich als viel zu hinterhältig, als daß wir sie unbesehen verwenden könnten. Je raffinierter sie sind, um so mehr Wissen erfordert es, sie weise und verantwortungsbewußt einzusetzen.

Statt sich der raschen Entwicklung, die sich heute auf allen Gebieten vollzieht, anzupassen, sollte die Schule auf ihrem Gebiete der Entwicklung vorangehen; sie muß sich wieder auf ihren wegweisenden Auftrag besinnen und sich entsprechend neu organisieren. Je weniger Ruhe und Kraft der in Zeitnot geratene Mensch heute zur Verfügung hat, desto wesentlichere Werte muß der schöpferisch Engagierte in die Waagschale werfen können.

Je weniger Berufe es heute gibt, in deren noch gestalterische Teilgebiete bearbeitet werden, desto umfassender und grundlegender müssen jene Bildungsstätten ausgerüstet sein, in denen sich

künstlerischen Wachstum entfalten kann.
Je weniger schöpferische Labor-Arbeit
in einer auf äußerste materielle Auswertung
ausgerichteten Praxis geleistet wird, desto
intensiver und behutsamer muß sich die
Schule der Versuchstätigkeit annehmen.
Dieser letzte Hinweis muß uns besonders
beschäftigen, weil wir bis heute gewohnt
waren, Stoffe und sogar Resultate zu
bearbeiten, wie sie uns von der Praxis be-
reitgestellt wurden. Nun sehen wir uns
dem immer klarer sich abzeichnenden
Auftrag gegenüber: die Entwicklung vor-
aussehend zu erkennen, zu planen, an-
zuregen – dies gerade im Gegensatz zur
heutigen Werbetechnik, die sich meistens
dadurch auszeichnet, daß sie nur Situa-
tionen auswertet, statt neue in die Wege
zu leiten. Die Umsatzkurven geben
wenig schlüssige Hinweise auf die Richtung sich anbahnender Entwicklungen.

Die aufgegriffenen Probleme recht-
fertigen die Frage: wie muß der künstlerische Unterricht strukturiert sein,
um den neuen Entwicklungen entsprechen
zu können, um die heute zur Verfügung
stehenden technischen Mittel richtig ein-
zubeziehen, um den vielfältigen Aufgaben
der Formgebung einer hochindustria-
lisierten Welt gerecht zu werden und
ihren Resultaten zum Durchbruch zu ver-
helfen? Es wäre vermessen, an einfache
Lösungen zu glauben. Einige besonders
dringliche Änderungen müßten und
könnten aber meiner Ansicht nach heute
schon vorgenommen werden:

1. Klärung der Grenzlinie zwischen
Vorbildung, Fachausbildung und Fortbildung
in einer Form, welche eine Weiterführung
und Komplizierung der Arbeitsthemen
ohne Unterbruch und ohne auf einen end-
gültigen Abschluß hinzuzielen, ermöglicht.
2. Die Schaffung von Seminarien für aus-
gelernte Berufsleute. Die Zeiten, in
denen Studium und Ausbildung für ein
ganzes Leben ausreichen, sind vorbei.
Wir müssen uns an den Gedanken gewöhnen, daß unser geistiges und berufliches
Rüstzeug ständig zu erneuern ist. Vom
Rhythmus dieser Erneuerung hängt die
Chance ab, in irgendeinen wesentlichen
Prozeß eingreifen zu können.
3. Die Aufhebung der Grenzen zwischen
Resultatarbeiten und Übungsarbeiten.
Jede intensiv betriebene Übung muß ein

Resultat zeitigen, jedes gültiges Resultat
muß Übungs- und Versuchsteile in sich
tragen.
4. Verzicht auf die Grenzen zwischen
künstlerisch orientierten und kommerziell
gezielten Aufgaben. Es kann eine echte
Form der Einheit gefunden werden.
5. Keine Trennung zwischen gefühlsbetontem, spontanem Arbeiten und
gedanklich gebundenem Vorgehen. Beide
Vorgänge ergänzen sich und müssen in
unmittelbarem Zusammenhang gesehen
werden. Disziplin und Freiheit sind
als gleichgewichtige, sich gegenseitig
durchdringende Elemente aufzufassen.
6. Neuüberprüfung der Abhängigkeit
zwischen Entwurf und Repoduktion. Die
angewandte künstlerische Tätigkeit steht
heute überwiegend im Dienste der
industriellen Serienproduktion. Die
Modernisierung und Rationalisierung der
Entwurfsmethoden, die Verwendung
verfeinerter Instrumente, der Einsatz
leistungsfähiger Maschinen genügen
aber nicht, um den Übergang von der
handwerklichen Herstellung von Produk-
ten zur maschinellen Fabrikation auf
befriedigende Weise zu vollziehen. Es ist
notwendig, daß wir unserem ganzen
Denken eine neue Orientierung geben,
wenn wir die Einheit zwischen der
schöpferischen Idee und ihrer Realisie-
rung unter den veränderten Gegebenheiten
erreichen wollen.

Jeder Erzieher sieht sich vor die Aufgabe
gestellt, junge Menschen auf die Mit-
wirkung am Aufbau einer Gesellschaft
vorzubereiten, die auf einen ehrlichen
Kräfteaustausch ausgerichtet ist. Diese
Zielsetzung kann aber nur in Zusammenarbeit mit der Praxis verwirklicht werden.
Weder ein Erziehungswesen, das sich
auf sich selbst zurückzieht, noch
eine Praxis, welche die von der Forschung
bereitgestellten Mittel und Kräfte, die
im Hinblick auf eine Gesamtnutzung
entwickelt wurden, zur Befriedigung von
Einzelinteressen aufbraucht, legen den
Grund, auf dem eine echte, unserer Zeit
gemäße Kultur wachsen kann. Die
Zusammenarbeit von Schule und Praxis
wird somit zu einer Existenzfrage.

Armin Hofmann

Der Begriff Punkt muß sehr weit gefaßt werden. Alle flächigen Gebilde, die ein Zentrum besitzen und als abgeschlossene Form wahrgenommen werden, lassen sich als punktförmig bezeichnen. Auch wenn ein Punkt sich ausdehnt, bleibt er Punkt. Die bloße Vergrößerung eines Elementes genügt nicht, um es in seinem Wesen zu verändern. Wir müssen fähig sein, ein Element als solches über seine relative Gebundenheit hinweg zu erkennen. Der Punkt kann groß und flächig werden; dann taucht die Frage nach seiner genauen Außenform, seinem Farbwert und seiner Oberflächenstruktur auf. Bei seiner kleinstmöglichen Dimension hingegen sind alle diese Fragestellungen überflüssig.

Mit Hilfe des kleinsten Punktes können, dank seiner Eigenschaften wie Abgeschlossenheit, Ausgeglichenheit, Ungegenständlichkeit und Gewichtslosigkeit, die wichtigsten Kompositionsprinzipien besonders gut dargestellt werden. Er ist innerhalb der bildkünstlerischen Tätigkeit das manövrierfähigste Element – der eigentliche Baustein im Unterricht.

Auch von der technischen Seite her lohnt es sich, der großen Beweglichkeit des Punktes nachzugehen. Bei der Übertragung irgendeines Bildwerkes auf eine Druckebene ist der Punkt die einzige Möglichkeit, verlaufende Tonwerte, Farbwerte, Übergänge, Vermischungen reproduzierbar zu machen. Der ganzen Reproduktionstechnik liegt die kleine Einheit Punkt zugrunde.

Die große Bedeutung, die der Lithographie innerhalb der Punkteübungen beigemessen wird, entspringt der Bemühungen, die Funktion des Punktes als wichtigstes graphisches Element direkt zu veranschaulichen. Gerade in unserer Zeit, wo erstmals die gestalterische Entwicklung losgelöst von der drucktechnischen Entwicklung vor sich geht, ist die enge künstlerische und technische Beziehung zwischen Original und Reproduktion, wie sie die Lithographie ermöglicht, äußerst erkenntnisreich.

Setzen wir den kleinsten Punkt in die Mitte eines Quadrates, so beginnen seine Kräfte sofort zu wirken. Die beiden Werte Punkt/Grundfläche müssen jedoch immer in Beziehung zueinander gebracht werden, sonst würde der zu große Punkt die zu klein gewählte Fläche sprengen oder das zu groß abgesteckte Feld den zu kleinen Punkt überfluten. In den sicheren Mittelbezirken schafft sich der Punkt ohne Mühe Kontakte zur Umgebung. Sehr interessant gestaltet sich das Problem in den Grenzsituationen. In welchem Moment tritt der Punkt als solcher aus seiner Umgebung heraus? Sind in diesem frühesten Stadium des Erscheinens schon Beziehungen vorhanden? Das Suchen und Bestimmen der äußersten Grenzen eines Klanges verlangt ein starkes künstlerisches Empfinden. Im gesamten Gebiet der Grenzklänge ist die Möglichkeit, Spannungen zu erzeugen, besonders groß. Die intensivsten Spannungen ergeben sich in der Nähe von störenden Kräften, in der Gefahrenzone des Verschwindens oder des Übertönens.

Jeder Punkt, auch der kleinste, verfügt über Strahlungskräfte; er fühlt sich in der Mitte seiner Umgebung am wohlsten. Die Beziehungen Punkt/Grundfläche sind in diesem Faller aber stets einseitig vom Punkt ausgehend oder zu ihm hinführend. Dem Punkt im Zentrum haftet etwas Unbedingtes, Endgültiges an. Wohl ist bei der praktischen Anwendung das Prinzip der absoluten Mitte und ihrer Ausstrahlung immer wieder äußerst wichtig, aber zum Schaffen lebendiger Beziehungen braucht es ein freieres Spiel der Kräfte. Verschiebt man den Punkt aus dem Zentrum, so gerät die statische Beziehung Punkt/Grundfläche ins Wanken. Vor allem die bis dahin eher passiv gebliebene Fläche wird aggressiv. Es gelingt ihr, den Punkt aufzuscheuchen, ihn umherzutreiben oder an die Grenzen zu drängen. Es kann dabei sogar die Illusion von Räumlichkeit entstehen.

Setzen wir dem einen Punkt einen zweiten zur Seite, wird die Beziehung Punkt/Hintergrund, die bis jetzt den einzigen Kontakt darstellte, sekundär. Die beiden Punkte bestimmen das Geschehen auf der Fläche. Ihre Kräfte wirken gegenseitig zueinander hon in linearer Bahn. Bei entsprechender

Anordnung gelingt es ihnen, die Grundfläche in zwei Teile zu zerschneiden, aus
dem Format zu springen. Verkürzen wir
die Distanz zwischen den Punkten so,
daß sie zusammenstoßen, entsteht das
Punktepaar, aus dem sich bei zunehmen-
der Verschmelzung verschiedenste neue
Punktgebilde entwickeln. Das lineare
Zueinanderhinwirken beim Punkte-
dreieck führt zur Schaffung eines in sich
abgeschlossenen Kräftestromes; die
Bewegungen bleiben innerhalb des
Formates. Das Arbeiten mit einer Vielzahl
von Punkten ergibt eine reiche Auswahl
an Formulierungen: einfache Punkte-
reihung, vertikale/horizontale Punkte-
reihung (Rasterbild), Gruppenbildung,
freie und gezielte Streuung, Massierung,
Variabilität in der Größe, im Grau- und
Farbwert und in der Struktur.

Ebenso wie die flächige Ausweitung des
Punktes seinen Kern nicht antastet, so
führt auch die räumliche Ausdehnung
des Punktes zur Kugel zu keiner
Veränderung seines Wesens. Durch das
Dazustoßen einer weiteren Dimension
verstärkt die Kugel lediglich das Gewicht
der Aussage. Die Strahlungskräfte des
dreidimensionalen Raumpunktes sind
intensiver als jene der zweidimensionalen
Scheibe; durch die zusätzliche neue
Dimension vergrößert sich das Kräftefeld,
das Zentrum muß seine Aktivität ver-
stärken. Gleich wie beim kleinsten Punkt
wird auch bei der kleinsten Kugel, z.B.
beim Staubkorn, die Frage nach den
Eigenschaften hinfällig, obgleich diese,
wenn auch für uns schwerer vorstellbar,
in gleicher Weise weiterwirken.

Der Verbindung Flächiges/Räumliches
wird in diesem Buch besondere
Beachtung geschenkt – einerseits um
den elementaren Kräften auf der Spur
zu bleiben, andererseits um ganz konkret
den Übergang von flächigen zu räumlichen Gestalten zu vollziehen. Wir
müssen darnach trachten, künstlich
gesetzte Grenzen, die heute ihre
Gültigkeit verloren haben, aufzuheben.

Schon bei den Punkte-Übungen spielt die Linie als Verbindungsweg immer wieder eine wichtige Rolle. Im einen Falle bleibt diese Verbindung zwischen zwei auseinanderliegenden Punkten unsichtbar, sie ist nur gedacht; im andern Falle tritt sie bei der linearen Anordnung knapp aufeinanderfolgender Punkte bereits als selbständige Kraft in Erscheinung. Setzt man einen Bleistift auf dem Papier flüchtig in Bewegung, so entsteht eine aus vielen kleinen, als solchen nicht mehr wahrnehmbaren Punkten gebildete Linie. Erst durch den Gebrauch entsprechender Werkzeuge, so vor allem Pinsel und Ziehfeder, ist es möglich, durch das Medium des Flüssigen die kompakte Linie zu erzeugen. Aber auch in diesem Falle muß man sich vor Augen halten, daß der Strich die sichtbar gewordene Spur des davonziehenden Punktes ist. Die Linie ist also abhängig vom Punkt, sie setzt ihn als das ihr zugehörige Urelement voraus.

Die Bewegung ist die eigentliche Domäne der Linie. Im Gegensatz zum Punkt, der an eine Mitte gebunden und deshalb statisch ist, ist die Linie dynamischer Natur. Sie kann in beiden Richtungen unbegrenzt weitergezogen werden, sie ist weder an eine Form noch an einen Kern gebunden. Wenn die Linie trotzdem als Grundelement aufgefaßt wird, so nur deshalb, weil der Vorgang, der zu ihrem Dasein geführt hat, nicht mehr wahrnehmbar ist. Sie ist ein Element, das schon einen Wachstumprozeß hinter sich hat.

Spielt der Punkt als Aufbau- und Zerlegungselement eine wichtige Rolle, so leistet die Linie als Konstruktionsmittel wesentliche Dienste. Sie verbindet, gliedert, trägt, stützt, hält zusammen, schirmt ab; Linien kreuzen und verzweigen sich.

Die einfachste Linienkonstellation ist der waagrechte oder senkrechte Linienraster. Die Wiederholung einer dünnen Linie mit gleichbleibenden Abständen führt zu einer geschlossenen Grauwirkung, in welcher die einzelne Linie ihr Gesicht verliert, ähnlich wie der einzelne Punkt innerhalb einer gleichförmigen Punktemasse sein Eigenleben aufgibt.

Wenn wir aus dem Linienraster einzelne Linien entfernen, so entstehen im selben Moment wieder neue – auf einer andern Ebene. Das führt uns zur Einsicht, daß beim Linienraster zwei wesensmäßig gleichberechtigte Qualitäten zum Zuge kommen, die schwarze und die weiße Linie, die in dauernder Abhängigkeit zueinander stehen. Zwei gerade, parallel verlaufende Linien erzeugen eine dritte, eingeschlossene. Die Beziehung negativ/positiv – eine der wichtigsten Auseinandersetzungen in der gestalterischen Arbeit – entsteht automatisch. Der mitgelieferte Zwischenraum ist ebenso wichtig wie das ihn erzeugende Element

Die progressive Steigerund des Abstandes zwischen den Linien, die langsame Verdickungen der Linie selber, das Wegnehmen von unten oder von oben her, die Schrägstellung der Linie innerhalb eines Übungsfeldes sind Vorgänge, die gerade ihrer Einfachheit wegen zur Folge haben, daß elementare, jedoch verlorengegangene Erkenntnisse wieder in unser Bewußtsein gebracht werden.

Gleich wie der Punkt verändert auch die Linie, selbst bei ihrer Ausdehnung, ihr Wesen grundsätzlich nicht. Aber im Gegensatz zum Punkt, der auch in der Vergrößerung für das Auge noch lange als Punkt wahrnehmbar ist, entzieht sich die Linie, die verlängert wird, sehr rasch dem Blickfeld des Auges. Wird die Linie im Verhältnis zu ihrer Länge zu stark verdickt, wird sie für das Auge zur Fläche. Die Linie als solche ist eigentlich nur in ihrer Relation Länge/Dicke erfaßbar. Sie ist an sich distanzanfälliger als der Punkt.

Die dünne Linie ist, wie der kleine Punkt, keine geeignete Farbträgerin. Auch wenn sie ins Unermeßliche verlängert wird, hat sie Mühe, Ton- und Farbwerten ein sicheres Feld der Entfaltung zu bieten. Wird sie so stark verdickt, daß sie der Farbe ein ausreichendes Wirkungsfeld zur Verfügung stellt, dann müßte sie, um Linie zu bleiben, die Länge so verändern, daß sie wiederum für das Auge nicht mehr überblickbar wäre. Die schwarze Linie verliert ihre Intensität und vergraut, wenn sie dünner wird. Am längsten leistet

die weiße Linie der schwarzen Fläche
Widerstand. Sie erhält sogar noch
zusätzliche Leuchtkraft, je dünner sie wird.

Auf dem Gebiet der Reproduktion
eignen sich Holzschnitt, Linolschnitt und
Radierung besonders gut zum Arbeiten
mit der Linie, weil bei diesen originalen
Techniken sowohl das Material wie
das Werkzeug der Linie auf ideale Weise
entgegenkommen. Beim Holzschnitt
und Linolschnitt erscheint die in das
Material eingekerbte Linie auf dem Abzug
negativ, d.h. weiß auf schwarzem Grund.
Will man eine schwarze Linie auf
weißem Grund erzeugen, erfodert dies
einen komplizierten Prozeß. Die Radierung bringt auf echte Weise die positive
schwarze Linie auf weißem Grund hervor,
obwohl der Arbeitsvorgang – das
Einkratzen der Linie – oberflächlich
betrachtet grundsätzlich derselbe ist wie
beim Holz- und Linolschnitt. Bei der
Radierung lassen sich, wie kaum bei einer
andern Technik, Linien von äußerster
Feinheit erzielen. Der ungekörnte glatte
Lithographiestein, die Offsetplatte und
neuerdings die Folie setzen der Linienbildung am wenigsten Widerstand entgegen. Mit Feder oder Pinsel können
mühelos Liniengebilde aufgesetzt werden.
Weder der Differenzierung der Strich-
dicke noch der Schnelligkeit des
Bewegungsablaufes sind vom Material
her Grenzen gesetzt.

All diese Reproduktionsverfahren sind
durch die Entwicklung der modernen
Technik überholt. Trotzdem bieten sie
dem Studenten heute eine praktische
Möglichkeit, Basisvorgänge innerhalb
des sich ständig komplizierenden Verviel-
fältigungsprozesses zu erkenne. Die
primären Drucktechniken zwingen dazu,
auf Nebensächliches zu verzichten. Der
reinste Ausdruck der Linie, sozusagen
die Sichtbarmachung ihrer Essenz, gelingt
immer dann am besten, wenn sie – wie
alle andern Bildelemente auch – im
Hinblick auf ihre technische Umsetzung
konzipiert wird.

Auseinandersetzungen, die innerhalb reiner Punkte- und Linienkompositionen stattfinden, bleiben verfolgbar, auch wenn es sich dabei um komplizierte Anordnungen und Formierungen handelt. Bei Kompositionen, die sich auf Gegenüberstellungen wie viel/wenig, waagrecht/senkrecht, dynamisch/statisch, hell/dunkel usw. aufbauen, läßt sich der Grundgedanke leicht ablesen. Die Bildung von Klangeinheiten jedoch, deren einzelne Bausteine aus sich fremd gegenüberstehenden Welten entnommen werden, in denen Bewegungen und Gruppierungen jeweils eigenen Gesetzen folgen, stellt den Studenten vor kompliziertere, für ihn ungewohnte Vorgänge. Die harmonische Verbindung von zwei verschiedenartigen Systemen setzt notwendigerweise eine Vertiefung des künstlerischen Empfindens und Mut zu neuen Gedankengängen und Formulierungen voraus.

Schon die frühen Stadien des Zusammenfügens sich widerstrebender Teile erweisen sich als äußerst fruchtbar, da sie als Basis komplizierterer Kompositionsübungen bereits entscheidende Erkenntnisse vermitteln. Das Zusammentreffen eines Quadrates mit einem Kreis innerhalb eines vorbestimmten Aktionsfeld wurde im folgenden Kapitel als tragendes Beispiel gewählt. Das Thema Konfrontation kann mit beliebig lautenden Klängen, mit allen nur denkbaren Werten und unter den verschiedensten Aspekten abgewandelt werden. So sind denn auch eine Reihe von Beispielen, die eigentlich in das Kapitel «Konfrontation» gehörten, über das ganze Buch verstreut zu finden. Über diese hier speziell vom Graphischen aus gesehenen Probleme hinaus sind die Verbindungen von auseinanderliegenden Werten, die Erziehung von Gleichgewichten aller Art, die Auflösung von Gegensätzen auf einer höheren Ebene zu grundlegenden Aufgaben unserer Zeit geworden.

Die Verbindung von Bild und Schrift umschreibt im wesentlichen die besondere Klangwelt, innerhalb welcher der Graphiker zu wirken hat. Der schwierige Auftrag, zweierlei Arten von Bildsystemen zu einer Einheit zusammenzubauen, prägt seinen Beruf und gibt zugleich Hinweise auf den Weg seiner Ausbildung. Dieser tragende Zweiklang ist ungewöhnlicher Art; seine Kompliziertheit zeigt sich erst bei gründlicher Überprüfung beider zu verarbeitenden Systeme.

Die Schrift ist reines Kommunikationsmittel, aufgebaut auf linearen geometrischen Zeichen, die auf Grund einer gegenseitigen Übereinkunft verstanden werden. Das System mußte aber zuerst erfunden werden, und es erfordert von jedem Menschen einen geistige Anstrengung, um aus den ihm anfänglich unbekannten Zeichen eine Mitteilung herauszuschälen. Dem Bild hingegen wohnt eine unmittelbare Aussage inne. Obschon wir uns auch bemühen müssen – und dies heute in vermehrtem Maße –, seine Erscheinungsformen, die vom realistischen Abbild über die abstrahierte Darstellung bis zum ungegenständlichen Bilde reichen, zu «lesen», so spricht es doch direkt an. Im Gegensatz zur Schrift strahlt das Bild Bewegungen, Tonwerte und Formen als unmittelbar wirkende Kräfte aus. Die Überbrückung dieses typischen Gegensatzes ist es, die bei allen Aufgaben, in denen Schrift und Bild zusammen in Erscheinung treten sollen, viel Wissen und Können voraussetzt.

Die Lösung des Problems muß in der Gebrauchsgraphik immer auch unter dem Aspekt der Reproduktionstechnik erfolgen. Werkzeug und Druckträger führten bei Holzschnitt, Radierung und Lithographie zwangsläufig dazu, daß Bild und Schrift im gleichen Geiste konzipiert und materialgerecht ausgeführt wurden. Schon mit der Einführung der beweglichen Letter im Buchdruck hatte die Schrift begonnen, einen eigenen Entwicklungsweg einzuschlagen, der mit der Industrialisierung zu einem isolierten und technisch äußerst komplizierten Prozeß des Schriftschaffens geführt hat. Ebenso hat das Bild durch die Ausweitung der drucktechnischen Möglichkeiten, durch die Entwicklung von Photographie und Film und nicht zuletzt durch die neue Formensprache der Malerei an Aussagereichtum gewonnen; zugleich aber sind auch die Vorraussetzungen für das Bildschaffen wesentlich schwieriger geworden. Es ist heute praktisch

unmöglich, alle Teilgebiete des Bild- und
Schriftschaffens technisch und künstlerisch zu beherrschen. Der Aufgaben-
bereich des Graphikers hat sich
verschoben. Heute muß er einerseits
genau Bescheid wissen darüber, was ihm
die hochspezialisierten Berufe, in die
sich die ursprünglich einfache und
durchschaubare Reproduktionstechnik
aufgespalten hat, zur Verfügung stellen
können; zum andern muß er sein künstlerisches Empfinden entsprechend
ausweiten und neu orientieren. Erst dann
wird es ihm gelingen, die sich neu
stellenden Aufgaben einer Konfrontation
von Widersprüchlichem schöpferisch
zu bewältigen.

Wohl die wenigsten Leute sind sich darüber bewußt, wie unser Schriftsystem aufgebaut ist. Die lesbaren Zeichen sind uns zu vertraut, als daß sie Anlaß zu grundsätzlichen Überlegungen bieten könnten. Vielleicht ist der Moment nicht ungeeignet, hier die wichtige Tatsache zu unterstreichen, daß wir die Grundelemente der bildenden Kunst zu Hilfe nehmen, wenn eine schriftliche Botschaft verfaßt oder eine solche entgegengenommen werden soll. Von diesem Gesichtspunkt aus kommt der Schriftform eine wesentliche Bedeutung zu, indem sie, abgesehen von ihrer eigentlichen Funktion als Verständigungsmittel, dem modernen Menschen heute eine der wenigen Auseinandersetzungen mit dem reinen Bildelementen verschafft. Die Verantwortung jener Leute, die in entscheidender Weise mit Schrift und Schriftform arbeiten, ist deshalb groß.

In der Graphikerausbildung nehmen Schriftschreiben nach historischen Vorlagen, Schriftzeichnen, Schriftkonstruieren und -komponieren, immer mehr auch Schriftsetzen einen großen Teil des Gesamtpensums in Anspruch. Die Arbeit mit der Schrift ist sicher jener Teil der Ausbildung, welcher am klarsten vorgezeichnet ist durch die Bindung an das stabile Element der überlieferten Form, des überlieferten Systems; gerade dadurch vermag aber auch am wenigsten frische Luft in diese traditionsgebundene Atmosphäre einzuströmen.

Bis heute war die Gestaltung des Schriftunterrichtes eindeutig umschrieben, denn der Aufgabenkreis in der Praxis diente als Grundlage für den Lehrgang. Diesen Aufgaben entsprechend befaßte sich der Unterricht zum größten Teil mit der Formgebung des einzelnen Buchstabens, mit der Schaffung von neuen Schrifttypen, von Zier- und Phantasieschriften. Die Lithographie, welche lange Zeit das Hauptproduktionsverfahren darstellte, kam dem von Hand gezeichneten Buchstaben in allen Teilen entgegen. Nun aber ist durch die große Wandlung in der Reproduktion, hervorgerufen durch die Technisierung fast aller Vorgänge, dem Graphiker die direkte Enflußnahme auf die künftige Schriftentwicklung versperrt. Das von Hand gezeichnete Wort oder die für einen gewissen Zweck eigens entworfene Zeile sind Einzelfälle geworden.

Die Tätigkeit der mit Schrift arbeitenden Fachleute wird sich immer mehr in Richtung des Kombinierens mit Fertigteilen verlagern. Da die Schriftentwicklung mit Sicherheit in den nächsten Jahren von den großen Schriftgießereien bestimmt werden wird, wissen wir auch, wie der ungefähre weitere Verlauf dieser Entwicklung aussehen dürfte: vor allem wird er geprägt sein durch eine immer größer werdende Abstufung innerhalb der uns bekannten Schrifttypen. Der Graphiker wird also in die Lage eines Komponisten versetzt, welcher immer reichere Klänge erzeugen kann durch die ständig feiner werdende Gliederung des ihm zur Verfügung stehenden Schriftnetzes. Diese Manövrierfähigkeit innerhalb immer kleiner abgestufter und reichhaltiger werdender Sortimente ist es, die uns künftig bei der Gestaltung von Schriftkursen wegleitend sein muß.

Das Entwerfen von ganzen Alphabeten, das Studium von historischen Schrifttypen bleiben unentbehrliche Teile der Formschulung. Daneben aber müssen neue, noch unbegangene Wege eingeschlagen werden, die dazu führen, daß die elementaren Grundlagen unserer Schrift in neuer Form in Erscheinung treten können, daß das Gefühl für feinste Differenzierungen geweckt und entwickelt wird, und schließlich, daß jene besonderen kombinatorischen Fähigkeiten zur Entfaltung gelangen, die die künftige Arbeit mit der Schrift erfordern wird.

Auch die Schaffung von Zeichen und reinen Schrift-Signeten aller Art, die heute immer mehr überhandnehmen, erfordert vom Entwerfer ein neues, unverfälschtes Verhältnis zur Schrift. In diesen Signeten kann die Verbindung zum Buchstaben mehr oder weniger offensichtlich sein; nur die bewußt gestalteten Elemente-Begegnungen und Wert-Gegenüberstellungen führen jedoch über den Buchstaben hinaus zu neuen Ausdrucksformen.

Malgré tous nos efforts pour simplifier les choses – efforts toujours plus grands dans la complexité croissante du monde d'aujourd'hui – plus rien n'est très simple. Même dans les arts, qui de tout temps ont été considérés comme appartenant à la sphère de l'esprit et des sens, l'image de l'artiste ne se conçoit plus avec la netteté d'autrefois. Sous la pression d'une technologie toujours plus expansive et d'une compétition toujours plus dure, ainsi qu'à la suite des exigences confuses d'un monde évoluant à grande vitesse, l'artiste a subi une sorte de scission pareille à celle de son frére, le savant, malgré l'incompatibilité persistante de leurs voies.

Quelle que soit sa dénomination actuelle en tant que spécialiste, l'artise souffre, tout comme les autres hommes, des secousses accompagnant la vie dans une période de transformations profondes. Toute période de transitions comporte des inconvénients. Cependant l'ampleur et la vitesse des révolutions qui ont lieu de nos jours dépassent souvent la limite du supportable. Il n'est pas facile de découvrir un sens dans les choses dont les contours – et l'essence – nous deviennent de moins en moins familiers.

Dans le monde moderne, un paysage nouveau et un climat différent sont en train de se former. La technique y sera la facteur primordial de l'existence. Les idéologies qui s'y opposent perdront tout simplement leur sens. Dans la vie quotidienne il n'y aura plus aucun domaine (et bientôt il ne se trouvera plus aucun endroit sur notre planète) sur lesquels la technique n'exercera pas son influence déterminante. A la suite d'un tel assaut, la nature – y compris l'espèce humaine – se retirera à l'arrière-plan et l'individu sera invité à devenir un composant docile d'un système. On lui demandera également – pour ainsi dire, à la pointe de l'épée – d'accepter le fait que le savoir est devenu beaucoup trop complexe pour être embrassé, même d'une manière très superficielle, par une seule personne. Enfin, dès maintenant l'homme est constamment averti par les Cassandras de l'automation que même ses activités insignifiantes

d'aujourd'hiu pourraient bien être rendues superflues à la suite du prochain pas en avant de la technique.

La tâche qui se pose à nous tous est de trouver une satisfaction humaine dans ce paysage nouveau et sous ce climat changé. Les solutions ne sont pas faciles à trouver, comme nous l'a démontré l'exemple des peintres pendant les quelques années suivant la seconde guerre mondiale. Cette petite catégorie d'hommes, qui plus que tous les autres sont sensibles aux changement qui se produisent dans leur entourage, a réagi au développement moderne en parcourant une série de styles, d'«époques» et de périodes d'expérimentation, avec une rapidité et une violence incroyables qui n'ont pas leur pareil dans l'histoire de l'art.

On pourrait évoquer nostalgiquement – mais aussi faussement – des images du bon vieux temps dans lequel l'apprenti fréquentait un atelier pour y apprendre à broyer les couleurs, à peindre les arrière-plans, à faire des esquisses à la manière du maître, et aussi à traiter les motifs à la mode du temps, tels que les légendes classiques. Il serait intéressant de comparer cette conception idéalisée avec celle qui est exposée dans ce livre, qui effectivement dit qu'en art il n'y a pas de sujet universellement valable. Il est vrai qu'il n'existe plus d'accord général sur l'essence de l'art. Dans ces circonstances, il ne nous reste plus qu'à revenir aux origines et à nous occuper du point, du cercle, de la ligne et de choses parcilles. Le sens d'un tel travail se révèlera à nous, du moins superficiellement, au moment où nous quitterons l'école pour entrer dans la vie pratique. Sa véritable signification cependant devra être recherchée par nous-mêmes; personne ne pourra nous la transmettre.

Il serait tentant – et très à la mode – de découvrir dans ce livre de nouveaux témoignages du vacuum spirituel des temps modernes. Mais ce serait faire fausse route, car Armin Hofmann veut dire tout autre chose. Par son texte aussi bien que par ses images il exprime qu'en effet le monde actuel est désespérément morcelé et que ce fait se reflète dans le domaine de l'éducation. Mau au lieu de regretter cet état de choses, il préfère l'accepter. Il constate simplement que la structure de l'art appliqué a subi un changement fondamental et que d'autres évolutions sont encore en trai de se produire. En considérant la réalité il arrive tout naturellement à la conviction que tout problème correctement posé peut être résolu.

Il est intéressant de constater que Hofmann, en prenant cette position, parvient aux mêmes postulats que les représentants les plus éclairés d'autres disciplines. Il dit: «Nous devons nous habituer à l'idée que notre bagage intellectuel et professionnel est constamment à renouveler.» Tous ceux qui s'occupent du problème du travail humain remplacé par la machine à la suite des progrès techniques partagent cette conclusion. Un des buts les plus importants poursuivis par Hofman est d'arriver à une nouvelle forme d'«unité» dans un monde dans lequel les anciennes directives ont perdu leur signification. Il refuse catégoriquement la conception d'après laquelle «la formation artistique est autonome». Il exige l'abolition de «la séparation entre création intuitive et création intellectuelle». Ce sont les paroles d'un artiste et d'un professeur; elles pourraient tout aussi bien être d'un savant ou d'un homme d'état.

Hofmann s'est décidé clairement à assumer les responsabilités d'un citoyen du monde moderne. Mais comme il est un homme sincèrement modeste et tout dévoué à son travail, la signification de son livre sans prétentions pourrait ne pas être reconnue. Mais même si l'on n'accordait pas à son texte l'attention qui lui est dûe, il n'est guère possible, à moins d'être entièrement dépourvu de sensibilité, de ne pas être frappé par la beauté et la finesse des images à l'aide desquelles Hofmann concrétise ses idées. Ces illustrations si suggestives nous rappellent que même un Bach n'a pas cru qu'il était au-dessous de sa dignité d'écrire des exercices pour les doigts, qui écrits par Bach, sont plus que des exercices. Puissions-nous disposer d'un

plus grand nombre de professeurs ayant l'intégrité artistique, la vaste intelligence, le sens profond des responsabilités d'Armin Hofmann! Dès lors la solution des problèmes aigus de l'éducation et de la formation artistiques trouveraient plus facilement leur solution.

George Nelson

Préface à la nouvelle édition de 1988

C'est en 1965 que parut cet ouvrage pour la première fois. Le voici dans une édition totalement revue. Il s'agit d'un essai tendant à étudier méthodiquement les problèmes posés par la création de l'image et de la forme.

L'évolution que l'on constate actuellement dans le domaine des médias donne une fois de plus à cette œuvre une importance particulière à cause de sa conception fondamentale. Ce livre traite de façon saisissable, de certains problèmes liés à l'éducation dans la création visuelle. Il faut spécialement relever les séries structurées d'exercices relevant d'une stricte planification, dans lesquels la pensée conceptuelle est explicitée dans ses rapports avec la pratique.

Le traitement automatique des textes au moyen de l'ordinateur personnel se répand de plus en plus. Le procédé dit «Desktop Publishing» (composition automatique pour le bureau) est utilisé surtout par des personnes n'ayant que des connaissances réduites ou aucunes connaissances en art graphique et en typographie. Pour ces personnes-là, un tel livre représente une introduction bienvenue et précieuse dans la matière.

Armin Hofmann

On accorde généralement trop peu d'attention aux problèmes artistiques dans nos écoles. Elles n'offrent pas ce milieu créateur, source de toute connaissance et promoteur de tout talent. Les activités qui, dans les premières années de la vie de l'enfant, jouent encore un grand rôle: le jeu, la représentation, le façonnage et le démontage, perdent leur importance progressivement. A l'école primaire les cours d'écriture, de gymnastique, le dessin, le chant, les jeux, les exercices musicaux et manuels comportent un embryon d'enseignement artistique, mais on attache à ces activités un intérêt qui va en décroissant au fur et à mesure que l'élève grandit. L'enseignement de la langue maternelle qui permettrait l'expression des impulsions créatrices, reste dans la plupart des cas au niveau du strict nécessaire ou sert de véhicule à la seule tradition. On étudie, certes, l'histoire littéraire, mais l'élève ne peut ni développer son monde intérieur, ni trouver sa forme d'expression particulière. Isolé et ravalé dans l'ensemble des programmes à un rôle secondaire, l'enseignement du dessin est finalement le seul qui contribue à une formation culturelle où pensée, découverte, représentation, traduction, abstraction forment un tout. Le fait que les branches artistiques sont exclues des examens est une raison de plus pour considérer le dessin comme une matière absolument accessoire.

De même, à l'exception de la formation purement artistique, aucun cours qui reconnaisse une valeur de formation générale aux activités créatrices ne figure au programme des écoles techniques et de l'université. Des conditions aussi défavorables ne sont guère propices au développement des dons créateurs. Dans un système qui met l'accent sur la transmission des connaissances et l'acquisition d'un certain savoir moyen, ceux qui possèdent des aptitudes pour l'art, deviennent des individus marginaux.

Comment s'explique cette orientation unilatérale de la formation culturelle? Cela tient-il à l'école qui se croit obligée de donner un enseignement en matières plus faciles à transmettre, à doser, à accumuler que ne le sont des activités développant l'imagination et les forces créatrices? Ou bien le désir prépondérant dans notre civilisation d'amasser des connaissances facilement et rapidement assimilables infuence-t-il du dehors les programmes d'enseignement tels qu'ils sont? Quoiqu'il en soit, cette orientation unilatérale ne peut en aucun cas servir de base à une éducation fructueuse. Les problèmes de composition, de combinaison, de variations ne peuvent être traités au cours d'un tel programme. Les dispositions créatrices de l'homme ne peuvent se développer. Elles dépérissent.

On pense généralement que la formation artistique n'obéit qu'à ses propres lois. Voilà précisément l'erreur qui m'a poussé à faire précéder l'examen des problèmes concernant la formation artistique de quelques considérations générales sur l'éducation, afin de montrer l'interdépendance des différentes voies de la culture. Cette formation insuffisante pendant la scolarité obligatoire a pour conséquence d'imposer aux écoles d'enseignement artistique un programme presque irréalisable. Les élèves qui entrent dans les classes préparatoires font aujourd'hui deux erreurs caractéristiques: 1° ils portent une appréciation absolument fausse sur les tâches de l'activité artistique d'aujourd'hui; 2° ils engagent à rebours leurs forces: en vue d'obtenir le plus vite possible des résultats tangibles, ils oublient que totu travail sérieux nécessite des recherches et des expériences.

Aussi importe-t-il avant tout de réexaminer les bases de l'enseignement préliminaire et celles de la formation artistique. C'est surtout dans la préparation aux professions d'art appliqué, qui exercent une action profonde sur la vie quotidienne, qu'il faut s'opposer de bonne heure à la spéculation fondée sur des valeurs picturales – en partie conséquence d'un enseignement sans base suffisante. Une bonne formation, qui vise d'abord à la connaissance des lois fondamentales de l'art, de la création et de la technique, n'est pas possible si des considérations spéculatives, des caprices de la mode ou d'autres influences passagères sont intégrés à l'enseignement. Cela ne signifie nullement qu'il faille aboutir à des œuvres et des formulations vagues. Bien au contraire: dès le début il faut viser à faire des travaux reconnaissables et utilisables. Ce sont les premiers degrés d'une activité dirigée vers l'application. Celui qui est capable de représenter, à l'aide de moyens simples, l'action de tomber, de monter, une opposition, un reflet, etc., a fait le premier pas dans la voie de l'application. La tâche qui incombe aux arts qppliqués, c'est de rendre visibles des informations, des événements, des idées, des valeurs de toutes espèces. Le cours préliminaire doit préparer le terrain d'où partiront des voies menant dans différentes directions. La profession du graphiste est l'une de ces directions. Peut-être est-elle devenue aujourd'hui l'une des plus importances. Cependant, elle ne devrait pas trop influencer le programme du cours préliminaire, puisque c'est précisément elle qui subit continuellement les changements les plus marqués.

Si, il y a quelques années encore, l'activité du graphiste se bornait pour l'essentiel à la création d'affiches, d'annonces, d'emballages, de marques, etc., son champ d'activité s'est aujour-d'hui élargi et embrasse pratiquement tout le domaine de la représentation et de la création des formes. Cette extension est inévitable pour des raisons qui ne peuvent être entièrement exposées ici. Bornons-nous à l'une des principales: Par suite de l'industrialisation et de l'automation, un certain nombre d'artisans, qui jouaient dans le domaine des arts appliqués un rôle important, furent, au cours des dernières années, soit dépouillés de leurs fonctions créatrices, soit même condamnés à disparaître.

A certains indices, on s'aperçoit qu'à côté du lithographe, du clicheur, du graveur ainsi que du peintre en lettres, du menuisier, du serrurier d'art, etc., d'autres représentants très importants des arts industriels s'engageront à leur tour dans la voie de la complète mécanisation. C'est le cas, par exemple, du typographe, de l'imprimeur. Les métamorphoses d'une profession ou sa disparition engendrent une nouvelle situation. Les tâches créatrices incombant jusqu'ici aux métiers mentionnés passent en grande partie au créateur visuel («designer»), et les tâches mécaniques relèvent de plus en plus de la machine. Cette refonte des structures a pour conséquence d'exiger du créateur visuel des connaissances en photo, en esthétique industrielle, en typographie, en dessin, en création spatiale, en technique de reproduction, en langues, etc.

Il est clair qu'une transformation aussi générale force l'enseignement à réviser ses accents. La création de relations étroites entre des forces jusqu'à présent isolées ou même opposées, est un sujet qui dépasse largement le domaine de l'art pour devenir une des tâches importantes de notre temps. De ce point de vue, la plupart des programmes d'enseignement sont insuffisants et ne sont guère propices à réaliser de nouvelles impulsions. C'est pourquoi il est urgent que l'école renonce à n'envisager que les résultats, qu'elle pose de nouvelles bases et assure une plus large conscience des événements dans leurs rapports subtils et profonds. Ligne, surface, couleur, matière, espace, temps, doivent apparaître comme parties intégrantes d'un tout. Par l'élargissement de l'angle de vue, de la surface vers l'espace par exemple, de nouveaux couples d'oppositions apparaissent, des possibilités plus nombreuses et plus riches se font jour. A l'intérieur d'une surface, il ne peut y avoir que les oppositions point/ligne, cercle/quadrilatère, écoulement/fixité, etc. L'adjonction d'une nouvelle dimension signifie l'élargissement des principes créateurs, non seulement dans le sens d'une augmentation numérique des disciplines, mais aussi dans le sens d'un perfectionnement d'une unité supérieure. Les différentes valeurs doivent être étudiées en fonction de leur dénominateur commun. Il est nécessaire que les plans d'étude soient bâtis de telle façon et les professeurs choisis de telle sorte, que toute interpénétration des matières soit possible. Se substituant à une multitude de disciplines qui ne se laissent guère embrasser, apparaît alors une unité dans laquelle les différentes valeurs d'intègrent, s'éclairent et s'enrichissent mutuellement. Il ne faudrait pas oublier non plus les domaines qui semblent rester à l'écart, car ils peuvent être le point de départ de nouvelles combinaisons et de nouvelles fusions de forces.

C'est surtout en raison du puissant développement de l'industrie et de la technique qu'il faut accorder toute notre attention au problème de la réforme de l'enseignement préliminaire et de la formation dans les professions d'arts appliqués. Même les moyens de représentation auxquels nous nous étions habitués jusqu'ici, subissent maintenant l'influence de la technique. Certes, crayon et pinceau sont restés des outils de base, mais une industrie qui fabrique des instruments et des crayons mécaniques (tous présentant les caractéristiques de petites machines pratiques), commence à influencer et à déconcerter les écoliers. Une industrie de papier colorés que vise à préfabriquer tous les tons, rendra inutile à l'avenir l'obligation de mélanger les couleurs. Le développement extensif de l'industrie des caractères transforme tout notre travail touchant l'écriture. L'appareil de photos qui dispose de possibilités d'extrême réalisme, d'abstraction, de mouvement, de couleur, laisse également pressentir une nouvelle forme d'art. Enfin, une nouvelle industrie de la reproduction se profile, dont les lois, qui ne sont pas encore toutes connues, sont souvent violées, parce qu'on croit naïvement que cette industrie n'a à faire qu'à des phénomènes rationnels.

Une tâche spéciale incombe donc à l'école: celle de choisir, d'expérimenter et de rassembler les instruments ainsi que les moyens de représentation et de reproduction qui arrivent sans cesse sur le marché. La plupart du temps, les fabricants eux-mêmes ont très peu conscience des développements qu'ils inaugurent. Jusqu'ici, l'école s'était peu souciée de ces problèmes et abandonnait aux étudiants le choix de leurs moyens,

puisque, par exemple, la gradation: tire-ligne/plume/crayon/fusain/ pinceau, pour l'obtention de différentes valeurs de gris, ou encore la progression: crayons de couleur/craies de couleur/ pinceau, pour la couleur, étaient conditionnées par la qualité des moyens. Or, nous devons reconnaître tout à coup qu'en raison du caractère différent, plus mécanique, plus impersonnel des nouveaux instruments, des conceptions fondamentales de notre enseignement sont remises en question. Un nouveau style de dessin et de maquette apparaît déjà, créé par le crayon à bille, le stylo-feutre, le rapidographe, etc.

L'école doit s'opposer très énergiquement à l'idée que nous vivons dans un monde ordonné à la perfection, qui ne nécessite ni effort, ni initiative personnelle, et où le succès et la sécurité financière sont assurés dès lors qu'on possède un équipement moderne et techniquement perfectionné. Les moyens dont nous disposons aujourd'hui sont trop peu sûrs pour que nous les utilisions sans discernement. Plus ils sont raffinés, et plus leur utilisation rationnelle et lucide nécessite des connaissances.

L'école, au lieu de s'adapter aux changements rapides dans tous les domaines, devrait précéder ce développement. Elle doit réfléchir de nouveau à sa tâche d'orientation et se réorganiser conformément aux nouvelles exigences. Car moins l'homme d'aujourd'hui, souffrant d'une pénurie de temps extrême, dispose de forces et de tranquillité, plus le créateur doit jeter de valeurs essentielles dans la balance.

A mesure que les professions qui permettent une création, même partielle, diminuent, plus les quelques lieux où la création artistique peut se développer, doivent enrichir leur équipement. Le travail créateur de laboratoire n'étant plus dans la pratique orienté que vers des fins matérielles, l'école doit favoriser activement l'expérimentation, mais avec tout le discernement nécessaire.

Ce dernier point doit retenir tout particulièrement notre attention, car nous étions habitués jusqu'ici à travailler le matériel et même les résultats tels qu'ils nous étaient offerts par la pratique. Maintenant nous nous trouvons en face de la tâche nettement formulée: de prévoir l'évolution, de la diriger, de la stimuler. Ceci d'autant plus que l'actuelle technique publicitaire se caractérise par le fait qu'elle exploite des situations, mais n'ouvre pas de voies nouvelles. Les variations des courbes du chiffre d'affaires donnent trop peu d'indications sur les changements qui se préparent.

Il est donc juste de se demander quelles devraient être les structures de l'enseignement artistique actuel, si l'on veut qu'il tienne compte de l'évolution des choses, si l'on veut qu'il s'assimile les moyens techniques existants, si l'on veut qu'il favorise l'invention artistique dans un monde hautement industrialisé. Il serait téméraire de croire à des solutions simples. Mais quelques mesures particulièrement urgentes pourraient et devraient, selon moi, être envisagées dès aujourd'hui:

1° Il faudrait préciser les frontières entre la formation préliminaire, la formation technique et le perfectionnement, de telle sorte que les thèmes de travaux puissent être développés et compliqués progressivement.
2° Il faudrait créer des séminaires pour professionnels. L'époque où les études et la formation valaient pour la vie entière, est désormais révolue. Nous devons nous habituer à l'idée que notre bagage intellectuel et professionnel est constamment à renouveler. La seule possibilité qui nous soit donnée d'intervenir dans un quelconque processus d'évolution, dépend de ce renouvellement.
3° Il faudrait abolir les frontières entre les travaux visant à des résultats pratiques et les exercices d'entraînement. Tout exercice intensif prépare à un résultat pratique et tout résultat valable comporte une part d'exercice et d'expérimentation.
4° Il faudrait renoncer à une distinction trop marquée entre travaux à orientation artistique et travaux à orientation commerciale. Une formule équilibrée peut être trouvée.

5° Il faudrait abolir la séparation entre création intuitive et création intellectuelle. Ces deux modes se complètent et sont étroitement liés. Discipline et liberté sont deux éléments indissociables et d'égale importance.
6° Il faudrait réexaminer les rapports de dépendance entre maquette et reproduction. Dans le domaine des arts appliqués, l'activité créatrice est aujourd'hui, dans une large mesure, au service de la production de série. La modernisation et la rationalisation des méthode appliquées dans l'élaboration des maquettes, l'utilisation d'instruments plus perfectionnés et de machines à plus haut rendement ne suffisent cependant pas à assurer d'une manière satisfaisante le passage de la fabrication de forme artisanale à la fabrication industrielle. Les conditions ayant changé, il est nécessaire de réformer nos conceptions, si nous voulons conserver une unité satisfaisante entre l'idée créatrice et sa réalisation.

Tout éducateur a pour tâche de préparer les jeunes gens à l'édification d'une société qui reposera sur des échanges équitables. Ce but ne peut être atteint que par une collaboration étroite avec la pratique professionnelle. Un enseignement replié sur soi-même, ou une activité professionnelle qui, pour la satisfaction de ses intérêts, consommerait les forces et les moyens mis à la disposition de la communauté par la recherche, ne saurait poser le fondement d'une véritable culture adaptée à notre temps. La collaboration de l'école et de l'activité professionnelle devient ainsi un problème vital.

Armin Hofmann

La notion de point être prise dans sons sens large. On appelle point toute formation plane qui possède un centre et forme un tout. Un point qui s'etend reste un point. Le simple grossissement ne suffit pas à le transformer dans son essence. Il s'agit de reconnaître tout élément en dehors de sa contingence. Le point peut grossir, occuper une certaine surface. Il faut alors envisager sa forme extérieure précise, sa valeur de ton et sa structure superficielle. Quand il est réduit à sa plus petite dimension, ces problèmes par contre ne se posent pas.

Parce qu'il forme un tout, qu'il est abstrait, équilibre et sans poids, le point, réduit é son minimum perceptible, représente particulièrement bien les principes de composition les plus importants. Il est, par cela même, l'élément le plus maniable dans l'art visuel – il est, pour ainsi dire, la pierre angulaire de l'enseignement.

Au point de vue technique, il vaut également la peine de considérer la grande souplesse du point. Si une image quelconque est transposées sur le support d'impression, le point seul permet de reproduire les valeurs de ton, les couleurs, les transitions et les mélanges. Toute la technique de reproduction repose sur cette petite unité, le point.

La place privilégiée détenue par la lithographie dans les exercices de points lui vient de l'intention de concrétiser la fonction de cet élément graphique si important. La relation très étroite entre la technique et l'art, rendue possible par la lithographie, est extrêmement instructive, surtout de nos jours, où pour la première fois la création artistique suit un développement séparé du développement des techniques d'impression.

Si nous plaçons le plus petit point au milieu d'un quadrilatère, nous voyons immédiatement ses forces se déployer. Cependant, les deux valeurs point/ surface doivent toujours être en rapport dimensionnel l'un avec l'autre, sinon le trop gros point ferait éclater la trop petite surface, ou inversement

le champ trop grande submergerait le point trop petit. Dans la sécurité des régions médianes, le point établit sans difficulté des contacts avec son entourage. Les situations limites posent des problèmes très intéressants. A quel moment le point, en tant que tel, se distingue-t-il de son environnement? Dans les premiers stades de son apparition, les rapports sont-ils déjà efficients? La recherche et la détermination des limites extrêmes d'un ton exigent une grande sensibilité. Il est particulièrement facile d'engendrer des tensions dans le domaine des tons limites. Les tensions les plus intenses se produisent dans le voisinage de forces hostiles, dans la zone ou la disparition est à craindre autant que l'envahissement.

Chaque point, même le plus petit, est doué d'une puissance de rayonnement. C'est au centre de son champ qu'il se trouve le mieux. Mais alors les rapports point/surface sont toujours unilatéraux, c'est-à-dire qu'ils partent du point et reviennent à lui. Il s'attache quelque chose d'absolu, de définitif au point lorsqu'il est situé au centre de la surface qui le porte. Bien que le principe du centre absolu et de son rayonnement reste toujours d'une grande importance dans l'application pratique, il faut permettre le libre jeu des forces si l'on veut créer des rapports vivants. Si l'on écarte le point du centre, la relation statique point/surface est déséquilibrée. La surface, qui jusqu'ici était restée plutôt passive, devient active. Elle réussit à effaroucher le point, à le chasser ou à le repousser jusqu'aux limites extrêmes du champ. Il peut même en résulter l'illusion de l'espace à trois dimensions.

Si nous plaçons un second point à côté du premier, le rapport point/surface, qui jusqu'ici était le seul existant, devient secondaire. Ce sont les deux points qui décident maintenant de ce qui se passe sur la surface. Chaque point dirige ses forces vers l'autre en tracé linéaire. Si on les dispose convenablement, ils peuvent couper la surface en deux parties, sauter en dehors du format. Si nous dimenuons la distance entre eux de telle sorte

qu'ils se rencontrent, le couple de points
se crée, qui, dans uns fusion croissante,
engendre de nouvelles formations de
points les plus diverses. Les rapports
linéaires qui naissent de trois
points disposés en triangle créent un
circuit fermé de forces. Les échanges se
font à l'intérieur du format. Un grand
nombre de points donne un grand choix
de formules: simple alignement de points, alignement vertical/
horizontal (formation de trame),
groupement, dispersion libre ou
ordonnée, concentration, variété de
dimensions, de gris, de couleur, de
structure.

De même que l'extension en surface d'un
point ne le modifie pas dans sa nature,
de même son extension dans l'espace
– il devient alors une sphère –
ne change rien à son essence. La
troisième dimension augmente
simplement le poids de son message. La
force de rayonnement d'une sphère est
plus intense que celle d'un disque;
car, par l'addition d'une nouvelle
dimension, le champ d'énergie
s'agrandit et, par conséquent, le centre
doit renforcer son activité. Pour la toute
petite sphère, pour le grain de poussière
par exemple, tout comme pour le
plus petit point, la question de ses
qualités ne se pose pas. Elles y sont et
elles agissent, elles sont tout simplement
plus difficiles à imaginer.

Dans ce livre, nous consacrerons
une attention particulière à la relation
surface/volume – d'une part pour tenir
compte des forces élémentaires,
d'autre part pour accomplir très
concrètement le passage des figures
planes aux figures spatiales. Car nous
devons, en effet, nous efforcer d'abolir
des limites artificiellement fixées et
qui, aujourd'hui, ont perdu toute valeur.

En étudiant des exercices de points, nous
avons déjà vu que la ligne joue un rôle
important en tant

partenant à un autre
qui nous conduit à
le dans une trame deux
le qualité équivalente
a ligne noire et la ligne
it constamment dans un
endance. Deux lignes
s en engendrent
mprise entre elles. La
ositif – une des plus
sitions en création
utomatiquement.
araît nécessairement
que l'élément qui l'a

ressive de la distance
nt épaississement
es, le
le haut ou par le
e d'une ligne à
sont des
eur simplicité,
nscience des

igne reste elle-
ion. Mais
i, même grossi,
emps encore
int, la
peut quitter
isuel. Si la
apport à sa
l'œil,
concevoir
ation
ifie
n fonction

etit point,
t
e est
ile
ent
n
ienne
nt,
odifier

d

ne
urface
me une luminosité
pplémentaire en s'amincissant.

La ligne

Hofmann, Armin.
Graphic design manual : principles and practice / Armin Hofmann.

Le n
prop
au po
la lign
Elle p
les de
une fo
conside
élémen
parce q
donné n
Elle est
un stade

Si le point
qu'élémen
décomposi
tant que m
relie, divise
lignes se cr

Le plus simp
trame de lign
La répétition
à intervalles r
nette de gris,
individuelle pe
comme, à l'inté
points uniforme
son individualité

Dans une trame,
lignes, il en résul

Dans le domaine de la reproduction, la gravure sur bois, sur linoléum et sur cuivre sont particulièrement propices au tracé de la ligne, parce que ces techniques originales offrent une matière et un outil adéquats. Dans la gravure sur bois, comme dans la gravure sur linoléum, la ligne, incisée dans la matière, apparaît en négatif sur l'épreuve, c'est-à-dire en blanc sur fond noir. L'obtention d'une ligne noire sur fond blanc nécessite un travail plus compliqué. L'eau-forte, par contre, fait apparaître, sans étape intermédiaire, la ligne noire positive sur fond blanc, bien que le procédé de travail – la gravure de la ligne – paraisse le même pour le bois et le lino. L'eau-forte permet de tracer des lignes d'une finesse extrême, et qu'on n'obtient guère avec une autre technique. La pierre lithographique au grain serré et uni, la plaque offset et récemment le film, sont les procédés qui offrent le moins de résistance au tracé des lignes. Plume et pinceau peuvent sans difficulté dessiner un réseau de lignes. Les matériaux utilisés n'imposent aucune limite à la différenciation des trais comme à la rapidité des mouvements.

En raison de l'évolution des techniques, tous les procédés de reproduction primaires sont maintenant dépassés. Leur pratique permet cependant aux étudiants d'aujourd'hui de se familiariser avec les principes de base du processus de reproduction qui devient sans cesse plus complexe. Réduites à l'essentiel, les techniques artisanales d'impression obligent à renoncer à l'accessoire. L'expression la plus fine de la ligne – l'art de rendre pour ainsi dire visible son essence – est plus sûrement atteinte lorsque cette ligne est conçue, comme du reste tous les autres éléments de composition visuelle, en fonction de sa transposition technique.

On peut suivre à l'intérieur d'une composition les rapports entre points ou lignes, même lorsqu'il s'agit de formations compliquées. Les compositions qui reposent sur les oppositions du type beaucoup/peu, horizontal/vertical, dynamique/statique, clair/foncé, etc., laissent facilement apparaître l'idée fondamentale. Cependant, la formation d'ensembles, dont les différents éléments de base sont empruntés à des domaines étrangers avec leurs propres lois, place les étudiants devant de processus plus compliqués auxquels ils ne sont pas habitués. L'association harmonieuse de deux systèmes différents exige un approfondissement de la sensibilité artistique et le courage d'aboutir à de nouveaux courants de pensée et de nouvelles formulations.

Déjà les premiers stades de la combinaison d'éléments opposés apparaissent extrêment fructueux, car ils sont la base d'exercices de composition plus compliqués et fournissent des renseignements importants. Dans le chapitre suivant, on a choisi comme exemple la rencontre d'un quadrilatère et d'un cercle dans un champ d'action prédéterminé. Le thème de la confrontation peut être modifié par des unités de systèmes quelconques, par toutes les valeurs imaginables et sous les aspects les plus variés. C'est pourquoi on trouve une série d'exemples dispersés à travers le livre qui devraient figurer au chapitre «Confrontation». Les problèmes de confrontation sont envisagés ici du point de vue du graphiste principalement; cependant, l'association de valeurs opposées, la réalisation d'équilibres variés, la fusion des oppositions ne sont plus uniquement des problèmes professionnels, mais sont devenues des tâches fondamentales de notre temps.

La tâche difficile de l'union de deux systèmes différents est caractéristique pour le domaine spécial dans lequel le graphiste doit opérer. C'est avant tout l'association de l'image et de l'écriture qui marque sa profession et qui par cela même donne des indications relatives à la formation du graphiste.

Le fait que cette dualité image/écriture est d'un genre inhabituel et compliqué n'apparaît que lorsqu'on examine attentivement les deux systèmes à fusionner.

L'écriture n'est qu'un moyen de communication, utilisant des signes géométriques linéaires que l'on ne comprend que par convention. Mais il a fallu d'abord inventer le système, et chaque homme doit produire un effort intellectuel pour dégager le sens des signes qui lui sont au début inconnus. L'image, par contre, délivre immédiatement son message. Bien que nous soyons également obligés de faire un effort – et ceci dans une proportion accrue aujourd'hui – pour déchiffrer son contenu qui va de l'imitation réaliste à l'image non figurative en passant par la représentation abstraite, elle nous parle directement cependant. Contrairement à l'écriture, l'image, par les mouvements, les formes et les valeurs de tons, sait produire des forces immédiatement évocatrices. C'est la transition entre ces deux oppositions typiques qui, dans tous les travaux où écriture et illustrations figurent ensemble, demande beaucoup de science et d'habileté.

Dans la pratique, la solution du problème doit toujours être envisagée en vue de la technique de reproduction. Dans la gravure sur bois, l'eau-forte et la lithographie, l'instrument et le support d'impression font qu'illustration et caractères sont forcément conçus dans le même esprit et exécutés conformément aux possibilités metérielles. Depuis l'introduction de lettres mobiles dans l'impression du livre, l'écriture a suivi sa propre voie de développement qui, par suite de l'industrialisation, a abouti à un processus isolé et techniquement très compliqué. De même, grâce à l'extension des possibilités techniques d'impression, grâce au développement de la photographie, du film et surtout grâce aux nouvelles formulations de la peinture, l'image a acquis une plus grande richesse d'expression, mais en même temps les conditions de la créations visuelle sont devenues beaucoup plus difficiles. Aussi est-il aujourd'hui pratiquement impossible d'embrasser tous les domaines touchant l'écriture et l'image, aussi bien du point de vue technique que du point de vue artistique. Le champ d'activité du graphiste s'est élargi. D'une part, il doit savoir exactement ce que peuvent lui offrir les métiers hautement spécialisés entre lesquels se sont réparties les techniques de la reproduction à l'origine simple et sans mystère; d'autre part, il doit approfondir et renouveler son sentiment esthétique. Alors seulement il pourra maîtriser les problèmes que pose la confrontation des oppositions et faire œuvre créatrice.

Très peu de gens sans doute ont réfléchi aux origines et à la formation de notre système d'écriture. Les signes que nous employons nous sont trop familiers pour que nous nous y attardions. Toutefois, il n'est peut-être pas inutile de souligner le fait important que nous recourons aux éléments fondamentaux des arts figuratifs quand nous traçons ou quand nous déchiffrons un message écrit. L'écriture, en plus de sa fonction particulière d'instrument de communication, a une signification essentielle en ce qu'elle demeure pour l'homme moderne une des seules possibilités de confrontation pratique qui lui restent avec l'élément purement plastique. Ceux qui par leur profession s'occupent de la création ou de l'utilisation de caractères portent donc une responsabilité considérable.

L'étude de caractères d'après des modèles historiques, ainsi que le dessin, la construction et la composition de caractères et, de plus en plus, la typographie occupent une grande place dans la formation des graphistes. Mais l'écriture étant liée le plus étroitement à l'élément stable de la forme traditionnelle, est aussi le domaine qui offre le moins de ressources au renouvellement.

Jusqu'ici les exigences de la pratique influençaient nettement les programmes de tout l'enseignement de l'écriture. C'est pourquoi ils prévoyaient avant tout le dessin des caractères et la recherche de nouveaux types d'écriture, décoratifs ou de fantaisie. La lithographie, qui pendant longtemps représentait le principal procédé de reproduction, était la technique idéale pour reproduire les caractères dessinés à main. Depuis, les changements énormes survenus dans le domaine de la reproduction ont mécanisé presque tous les procédés, et le graphiste n'est plus à même d'exercer aucune influence sur l'évolution future de l'écriture. Le mot dessiné à la main et la ligne de texte créée spécialement pour répondre à un besoin particulier deviendront des cas rares.

L'activité principales des spécialistes en écriture s'orientera sans doute, et de plus en plus, vers la combinaison d'éléments préfaçonnés. Comme, dans les prochaines années, l'évolution de l'écriture sera dans doute déterminée par les grandes fonderies de caractères, nous pouvons prévoir à peu près comment se fera ce développement: il consistera principalement en une gradation toujours plus variée des caractères existants. Le graphiste sera placé dans la situation d'un compositeur qui peut exploiter une gamme de sons toujours plus étendue. C'est cette possibilité de choix dans le cadre d'un assortiment toujours plus riche et plus varié qui guidera à l'avenir l'organisation des cours d'écriture.

La création d'un alphabet complet ainsi que l'étude des styles historiques de caractères resteront certes toujours indispensables à un enseignement visant à la maîtrise des formes. Mais à côté de ces activités, de nouveaux chemins doivent être tracés qui conduiront à un champ plus ouvert, encore vierge, où sera éveillée la sensibilité pour les plus subtiles différenciations, où les fondements de notre écriture apparaîtront sous une nouvelle forme et où s'offrira l'occasion de développer le talent spécial de combinaison qui, à l'avenir exigé de ceux qui travailleront avec l'écriture.

De même, la création de signes et de symboles de toutes sortes qui commencent à submerger notre monde, impose au maquettiste des relations nouvelles et originales avec l'écriture. Dans ces signes et symboles les rapports avec les caractères peuvent être plus ou moins évidents; mais ce n'est que quand les rencontres d'éléments graphiques et les confrontations des valeurs sont créées intentionnellement, qu'on arrive, par delà les caractères, à des nouvelles formes d'expression.

Despite all our efforts to simplify things – efforts constantly expanding in order to keep abreast of steadily increasing complexity – nothing is very simple any more. Even in the arts, traditionally dedicated to the world of the spirit and the sensibilities, the figure of the artist is hard to see with anything of the old clarity. Like his still-incompatible sibling, the scientist, he has fissioned, so to speak, under the pressures of expanding technology, commercial competition, and the bewildering demands of a fast-changing existence.

The artist, whatever his now specialized label, suffers like the rest of us from the shocks which accompany life in a period of massive transformations. Change is always hard to take, but the scale and speed of transition today frenquently become unbearable. It is not easy to find meaning in a world whose outlines – and core – daily become less familiar.

In the world, a fresh landscape and a different climate are coming into existence. Technology has become the central fact of life. It is making hollow nonsense of assertedly conflicting ideologies, and there is no area of daily life left (and soon there will be no spot on the planet) where its influence is not the controlling one. Under this massive assault, nature – including the human variety – recedes into the background, and the individual is invited to convert himself into a docile component in a system. He is also asked – at the point of a gun, so to speak – to accept the idea that knowledge has become too complex to be embraced, even in the most general way, by any single person. He is told that what he is working on is not an entity but a fragment, and that the final product or outcome is really none of his business. Finally, he is constantly warned by the Cassandras of automation that his present insignificant activities may well be rendered superfluous by the next step forward in technique.

To find human content in this new landscape and climate is the problem which confronts all of us, and the answers are not there to be picked up in the street, as the painters have made very clear in the few years since World War II. This small, special group, more highly sensitized than most to shifts in the human environment, has reacted with unbelievable swiftness and violence, running through a series of styles, "periods" or experiments, for which there is no parallel in the history of art.

It would be easy to evoke, nostalgically and probably inaccurately, images of a simpler time, when the young apprentice went into the studio of the master, learned to grind pigments, to paint backgrounds, to delineate figures in the manner of his teacher, and eventually to deal with the accepted subject matter of his time, such as the classical legends. It would be tempting also to contrast this idealized situation with the one presented by this bool, which says in effect, "there is no acceptable subject matter in art". In fact, there is no longer agreement anywhere about art itself, and under these circumstances we must go back to the beginning, to concern ourselves with dots and circles and lines and all the rest of it. The purposes for which you are acquiring these skills will become apparent, in a superficial way, when you leave school and get a job, but the real meaning of all this is something you will have to find out for yourself, for no one can tell you.

It would be tempting, as I have said, and fashionable as well, to find in this book new evidence that modern life is a spiritual vacuum. But it would be entirely beside the point, for Armin Hofmann is saying something quite different. He is saying, in both words and drawings, that modern life is indeed desperately fragmented, and that this condition is mirrored in education. But rather than deplore these facts, he chooses to accept them, and thus he comes to the view that there has been a "radical alteration in the structure of the applied arts", and that more changes are in the making. By confronting these realities, he thus arrives naturally at the conviction that if problems can be correctly stated, they can be solved.

Curiously enough, in making this confrontation he arrives at a position no different from that of thoughtful people in other disciplines. "We must accustom ourselves", he says, "to the idea that our mental and vocational equipment must be constantly refurbished". The same conclusion is presented by those concerned with the displacement of workers by technical advances. The necessity of "unity" in a world where old guide lines have been erased is a major preoccupation of Hofmann. He flatly rejects the notion that "artistic training is autonomous". He talks of "no separation between spontaneous work with an emotional tone and work directed be the intellect". This in an artist and teacher speaking, but it could be a scientist or a statesman.

Hofmann has quite clearly chosen to assume the responsibilities of citizenship in the new world, but because he is a genuinely huble man and a totally dedicated worker, the significance of his modest book may be overlooked. If his words fail to receive the consideration they deserve, however, it would take the most dull and unperceptive of individuals to miss the extraordinary sensitivity and beauty of the drawings he has made to serve as demonstrations. These lovely illustrations recall to mind that even Bach did not consider the writing of finger exercices below his dignity, and that because he wrote them, they are more than mere exercices. The answers to many of the vexing problems which plaque art education and training today might be easier to come by if there were more teachers with the artistic integrity, broad intelligence and deep responsibility of Armin Hofmann.

George Nelson

Foreword to the new edition 1988

This is a revised edition of the book that was first published in 1965. It is an attempt to provide a methodical approach to problems of graphic design.

Because it is concerned with essentials, the book acquires renewed importance in view of the media-specific trends of today. It provides easy access to the educational problems of visual design. A particularly notable feature is the graded series of exercises in which conceptual thinking is always visualized in the context of practical application.

Automatic word processing with the personal computer (PC) is becoming increasingly widespread. Most people using desktop publishing facilities have little or no basic knowledge of graphics or typography and for them the present work is an invaluable introduction.

Armin Hofmann

Generally speaking, too little attention is paid to the problems of art in our schools. What is lacking is a creative focus which would be the source of every new insight into the nature of art and would foster every kind of talent. Activities ba which the child itself sets great store in its early years, such as playing, making pictures, modeling and taking things apart, etc., are steadily losing importance in our schools. Whereas in elementary education writing, gymnastics and games, drawing, singing, music and handwork do constitute something of a general approach to the arts as a whole, this group of subjects begins to lose its characteristic features the further the child goes up the educational ladder. Language instruction, capable in itself of imparting creative impulses, is usually bogged down at the level of the "absolutely essential" or, in secondary schools, is channeled primarily towards traditional matter. The history of literature is studied, but the student's own imaginary world and powers of self-expression cannot develop adequately. It is only in drawing, which occupies an isolated and underprivileged position in the curriculum, that thinking, inventing, representing, transposing and abstracting can be correlated. The fact that art activities are not included among school examination subjects is another reason why drawing is rated as merely of secondary importance.

Except for students undergoing a purely artistic training, even the technical colleges and universities provide no courses in which the process of design and original creation is conceded to have any general educational value. The student with creative gifts can hardly develog any further under such unfavorable conditions. Under the present-day system with its emphasis on standard knowledge and the presentation of subject matter, he becomes an outsider.

What reasons can be advanced for this bias in our education? Is primarily the schools themselves which believe they must adhere to educational subjects that can be conveyed, assessed and stored more readily than activities in which imagination and creative gifts can be given free rein? Or is it that the curricula are influenced from outside by the prevailing trend towards the accumulation of rapidly and easily assimilated know-ledge? Whatever the reasons may be for this bias towards the presentation of knowledge, there is no doubt that it fails to provide a basis for fruitful educational work. Questions of composition, combination and variation cannot be dealt with within such a curriculum. The creative student cannot develop and his valuable gifts become stunted.

It is a fairly general assumption that art training is autonomous and subject only to its own laws. It is precisely this error which has induced me to preface my consideration of the problems of art education with some thoughts on education in general with a view to showing the close interdependence of the various aims of education. As a natural consequence of the inadequate art training given during the years of compulsory schooling, the art school is left with a legacy of almost insoluble problems. There are two characteristics which are becoming increasingly prominent among students now entering the preliminary classes of the art school:
1. A fundamentally wrong assessment of the problems facing anyone working in the art field today.
2. A wrong approach to the problems awaiting solution: dashing off a rapid piece of work is all-important, development and painstaking preparation are of no importance at all.

To my mind, these two points make it particularly necessary to reexamine the basis of both preliminary and specialized art training. Superficial handling of pictoral values, which is, of course, partly a consequence of education with no proper basis, must be dealt with firmly at an early stage, particularly where vocations are involved which are closely concerned with the affairs of everyday life. Sound preparatory work with the primary aim of recognizing artistic, creative and technical principles would be impossible if exploitation, taste, fashion and other rapidly changing influences were to be given a place in instruction. This does not mean, of course, that student's exercises should be done in a vacuum and yield nothing that can be avaluated or placed in a context. On the contrary: recognizability and utility must be included from the very start among the aims of the exercise. Here we have the first approach to applied activity. The student who can represent rising, falling, opposed and radiating elements with simple means has taken the initial step towards the application of his art. It would be wrong to conceive the work of the designer as anything but the service of giving messages, events, ideas and values of every kind a visible form. The purpose of the preliminary course is to prepare a well-defined central area from which paths can branch off in every direction. The profession of graphic designer is only one of these paths. Perhaps today it is one of the most important, but we must not make the mistake of shaping the preliminary course too much to the pattern of this profession, which is the very one constantly subject to the most marked vocational bias and inner change.

Whereas a few years ago the activities of the graphic designer were mainly restricted to the creation of posters, advertisements, packaging, signs, etc., his work has now expanded to embrace virtually every field of representation and design. It is inevitable that this expansion should assume an ever wider scope for reasons which need not be discussed in detail here. One of the most important, however, deserves mention. In recent years industrialization and automation have meant that a number of craftsmen who used to play an important role in the field of applied art have now been deprived of their functions of creation and design or even that the crafts have gone out of existence. There are signs that, besides the lithographer, process engraver and engraver, not to mention the sign-writer, cabinet-maker, art metal-worker, etc., other typical representatives of the applied arts group, such as the compositor and letterpress printer, will also be overtaken by mechanization. The changes within these trades, or even their disappearance, have given rise to a new situation. The creative side of the

trades mentioned has now been largely handed over to the designer and the mechanical side increasingly to the machine. This radical alteration in the structure of the applied arts means that the designer of today must combine a knowledge of photography, industrial design, typography, drawing, spatial representation, reproduction techniques, languange, etc.

It will be obvious that educators in a field which has been affected by such a revolution must decide afresh where the main accents are to lie. The creation of closer relationships between forces which have hitherto been isolated is a subject which far transcends the bounds of art and may be regarded as one of the great problems of our age. From this point of view the structure of most curricula is inadequate and unsuitable for giving shape to fresh impulses. It is urgent, therefore, that educators should stop thinking in terms of results and thus clear the way for an outlook which embraces a wider field of activities and is more alert to their finer and deeper interrelationships. Line, plane surface, color, material, space and time should be presented to students as a coherent whole. For example, by extending the angle of vision from the two-dimensional surface to the three-dimensional space, quite different pairs of contrasting elements are obtained, and there are many more and much richer possibilities of confrontation than were previously afforded by the plane surface with its contrasts of point-line, thin-thick, circle-square, softene effect-hardness, etc. Adding a new dimension means an extension of the principles of design, not merely in the sense of a numerical increase of existing disciplines, but rather in the sense of completing a constantly expanding unit. Individual values must be investigated in relation to their common denominator. It is necessary that the curriculum should be arranged and the teachers selected so that any one area of subject matter can be reciprocally related to any other. Instead of an extensive accumulation of subjects, a single unit will appear in which the various apsects continually interpenetrate, stimulate and enrich each other. Even apparently remote areas should receive more attention so that starting points may be found for new combinations and fusions of forces.

The problem of reorganizing basic schooling and specialized training in the art vocations clamors for greater attention particularly because of the enormous advances made in industry and technology. The very instruments we have been accustomed to using for expressing ourselves have become mechanized. Pen and pencil, it is true, have remained as our basic implements, but an industry manufacturing mechanical instruments and pencils, crayons, etc., (all with the features of small handy machines) is beginning to influence and confuse the student. A paper industry which sets out to prefabricate every shade of color is going to make color-mixing a thing of the past. A fully developed type-founding industry is changing all our work with lettering. The camera with all its versatility embracing extreme realism, abstraction, movement, color, etc., presupposes a new artistic vision. And in the back-ground there are reproduction processes with laws of their own which are still far from being fully recognized and which, indeed, are constantly infringed as a result of the naive belief that they are purely rational.

The schools are therefore faced with a new task in the sifting, testing and grouping of the instruments and means of representation and production which are constantly appearing on the market. The manufacturers themselves usually give little heed to the new developments they set in motion. Hitherto this problem has been virtually ignored by the schools and the students have been left to select their own instruments. Until recently, for example, each tool for producing graded effects in grey tone (pencil, pen, charcoal, brush, etc.) and each tool for producing color effects (crayon, colored chalk, brush, etc.) was appropriate for the job it had to do and was a natural choice. But now we are suddenly forced to realize that the more mechanical and impersonal nature of the new

implements has challenged the whole basis of our thinking. For instance, we can already dimly see in outline a new style of drawing and designing which has been called into being by ball-point pens, felt nibs, rapidographs, etc.

The school must vigorously oppose the view that, given proper modern technical equipment, one can live in a perfectly functioning organization requiring no personal effort or input, and automatically enjoy success and financial security. The instruments and aids that ar placed in our hands nowadays are far too tricky for us to use them unquestioningly. The more cunningly devised they are, the greater the knowledge that is required before they can be put to wise and responsible use.

Instead of accommodating itself to the rapid progress taking place in every field today, the school should, in its own sphere, take the lead in such develop-ments; it must remember its function as a trail-blazer and reorganize itself accordingly. The man of today is chronically short of time. The smaller his store of energy, the less rest he can obtain, the more significant must be the values the creative worker throws into the balance.

The fewer the vocations remaining today that still have a creative contribution to make to a piece of work, the more fully and basically must those educational institutions be equipped where artistic growth can take place. The less experimental work done by people engaged in the actual practice of a profession and intent on extracting from it as much material gains as they can, the more energy and careful thought must the schools devote to experiment and research. This is of particular concern to us because we habe hitherto been accustomed to working on subject matter – and even results – supplied to us by practitioners. Now we can see with increasing clarity that it is our business to recognize, plan and stimulate coming trends. This is quite contrary to modern advertising technique which, as a rule, merely exploits situations but does nothing to create

new ones. Sales graphs are too uncertain
a clue to the course that will be followed
by the events ahead.

The problems broached here warrant the
following question. How must art teaching
today be organized so that it can adapt
itself to the latest developments, so that
it can bend to its own purposes the
technical means now available to it,
so that all the varied requirements of
design ina highly industrialized world will
be recognized and the solutions devised
gain general acceptance? It would
be rash to believe in simple solutions.
But I hold that certain particularly urgent
steps can and must be taken today:

1. The line of demarcation between
general education, specialized training
and continuing education must be drawn
in such a way that work can be deepened
and diversified on certain themes without
a break in continuity and without any
final end in view.
2. Schools must be set up for people who
have completed their training and are
actively pursuing their profession.
The times are past when study and
training undertaken in youth lasted a whole
lifetime. We must accustom ourselves
to the idea that our mental and vocational
equipment must be constantly refurbished
and that our chances of making an
effective contribution to an essential
process depend on the regularity with
which we bring our knowledge up to date.
3. The boundaries between work as
practice and work merely aimed at a
particular result must be removed. Every
exercise or study which is properly
done must show a result, and every valid
result must have aspects which provide
scope for exercise and experiment.
4. No dividing line must be drawn in future
between work done with art qualities
in view and work done with merely
a commercial application in view. A valid
form of unity can be found.
5. There should be no separation between
spontaneous work with an emotional
tone and work directed by the intellect.
Both are supplementary to each other and
must be regarded as intimately connected.
Discipline and freedom are thus to be
seen as elements of equal weight, each
partaking of the other.

6. The interdependence between design
and reproduction must be reconsidered.
Today applied art works primarily in
the service of industrial mass production.
The modernization and rationalization
of designing methods, the use of more
refined instruments and the introduction
of more efficient machines are not in
themselves enough to complete the
transition from production by craftsmen
to production by machines in a satisfactory
way. We must realign our whole way of
thinking if we are to achieve unity between
our creative idea and its realization
under the changed circustances.

Every educator today is faced with the task
of preparing young people to work
together in building a society based on
an honest exchange of labor. Such
an aim, however, can be accomplished
only in collaboration with the world of
practical activity. Neither educators
whose minds are turned inwards nor
practitioners who exploit for their own
private ends the resources and power
provided by research for the general good
can form a basis on which an authentic
culture appropriate to our age can grow.
Collaboration between educators and
practitioners is thus something that goes
to the roots of our existence.

Armin Hofmann

The idea of a dot must be understood in a very broad sense. All plane figures which have a center and are perceived as closed forms may be described as being dot-shaped. And even if a dot expands, it still remains a dot. A mere increase in the size of an element is not enough to alter its essential character. We must be able to recognize an element as such in spite of the accidentals of a particular embodiment. The dot may grow large and cover a flat area; in which case the question arises as to its precise external form, its color value and its surface texture. But when it is found in its smallest form, all these questions are superfluous.

Because it is circumscribed, balanced, non-figurative and weightless, the smallest dot is particularly well adapted to demonstrating the most important principles of composition. It is the most maneuverable element in the whole field of pictoral art – it is really a building block of instruction.

It is also rewarding from the technical point of view to look into the mobility of the dot. When any pictorial work is transferred to a printing surface, it is the dot alone that can make graded tone values, colors, transitions and blends reproducible. The whole technique of graphic reproduction is based on the small unit of the dot.

Exercises with dots – the most important graphic element – are particularly instructive when performed in the medium of lithography. Especially in our day when for the first time design is developing along separate lines from printing techniques, a great deal can be learned from the close artistic and technical relationship which is possible between the original and the reproduction in lithography.

If we place the smallest dot in the center of a square, its forces begin to make themselves felt at once. The two values dot-background must, however, always be proportioned to each other, otherwise too large a dot disrupts too small a background or too large a background overwhelms too small a dot.

In the safe middle ranges the dot readily establishes contact with its environment. The problem assumes a particular interesting form in marginal situations. At what moment does the dot emerge as such from its environment? Are there already relationships at this early stage of its appearance? It takes considerable artistic discernment to seek out and fix the extreme limits of a consonance between two elements. Throughout the region of marginal consonances there are great possibilities of producing tensions. The most marked tensions arise in the neighbourhood of disturbing forces, in the zone where there is a danger of one element being engulfed or overpowered by another.

Every dot, even the smallest, has radiating power; it is most at home in the center of its environment. But the dot – plane relationships invariably proceed exclusively outwards from the dot or inwards towards it. There is something unconditionel and final about a dot in the center. In practical applications, it is true, the radiating power of the absolute center is of extreme importance, but a freer play of forces is needed to create more vital relationships. If the dot is displaced from the center, the static relationship between dot and background is unsettled. Above all, the somewhat passive plane of the background now becomes aggressive. It succeeds in startling the dot into flight, driving it round of forcing it to the outer limits. The illusion of space might even be evoked.

If we place another dot by the side of the first one, the dot–background relationship, which was previously the only contact, now becomes secondary. The two dots determine what happens on the plane. Their forces are reciprocally engaged along a linear path. When appropriately arranged, they can cut the plane into two parts and break out of the format. If we shorten the distance between the dots so that they impinge on each other, we have a pair of dots out of which the most varied new dot structures develop as the degree of fusion between them increases. In a triangle of dots this reciprocal action along the

lines between the dots creates a stream of
forces which is closed within itself;
the movements remain within the format.
Working with a large number of dots
gives a rich variety of formulations:
simple rows of dots, vertical and
horizontal rows of dots (grid pattern),
grouping, free and selective scattering,
massing, variability in size, grey tone and
color, and in texture.

Just as the expansion of the dot into a
plane surface does not affect its nature,
so the spatial expansion of the dot
into a sphere leaves its essential character
untouched. Through the addition of an
extra dimension, the sphere simply gives
added weight to the statement. The
radiating power of the sphere is greater
than that of the disc; through the
addition of the new dimension, the
pattern of forces has increased and the
center must intensify its activity. Just
as with the smallest dot, so in the case
of the smallest sphere, for example, a
speck of dust, the question of its
characteristics does not arise, yet,
hard though it is to visualize, these
continue to exercise their effect.

In this book particular attention is
paid to the combination of plane surfaces
and three-dimensional elements. The
reasons are twofold: first, to keep
track of fundamental forces and, second,
to enable us to make the transition
from two-dimensional to three-
dimensional designing in entirely concrete
terms. We must endeavour to do away
with artificially imposed limits which have
now lost their validity.

In our exercises with dots the line figured repeatedly in the important role of a connecting link. In one case this connection between two distant dots is invisible – it is simply imagined; in another case where dots follow very closely upon one another in a linear arrangement, it already appears as an independent force. If one runs a pencil over a paper, a line appears which is made up of dots so small that they can no longer be recognized as such. Only by using suitable instruments, particularly the brush and drawing pen, can a compact line be produced with a fluid medium. But even in this case it should be remembered that the line is the visible trace of a moving dot. Hence the line is dependent on the dot; it presupposes the dot as its own basic element.

Movement is the real domain of the line. Unlike the dot, which is bound to a center and is therefore static, the line is dynamic by nature. It can be continued indefinitely in either direction, it is bound neither to a form nor to a center. If the line is nevertheless conceived as a basic element, this is only because the process that created it is no longer perceptible as such. The line is an element that has already gone trough a process of growth.

If the dot is an important element in structure and analysis, the line performs the important duty of construction. It joins, articulates, bears, supports, holds together and protects; lines intersect and ramify.

The simplest configuration of lines is the grid of vertical or horizontal lines. If a thin line is repeated at constant intervals it produces a solid grey effect in which the single line is no longer discernible, analogous to the way in which the individual dot merges its separate existence into that of a uniform mass of dots.

If we remove individual lines from the grid, new ones instantly appear – but on a different plane. This makes us realize that two qualities of essentially equal value are operative in the grid: namely the black line and the white line, which are a all times interdependent. Two straight parallel lines produce a third enclosed between them. The relationship of negative–positive, one of the most important encounters between opposites in all design work, arises automatically. The space in between, which is a by-product, is just as important as the element producing it.

Progressively increasing the distance between the lines, slowly thickening the line itself, taking away from above or below, slanting the line within the field of operations – all these are processes which, because of their very simplicity, recall fundamental but forgotten knowledge to our minds.

Like the dot, the line does not change its nature, however extended it becomes. But unlike the dot, which, however much enlarged, still appears to the eye as a dot, the line, when extended, rapidly passes from the field of vision. If the line is thickened too much in proportion to its length, the eye sees it as a plane surface. The line as such can only be mentally grasped in terms of the relationship between its length and width. It is more easily affected be distance than the dot.

The thin line, like the small dot, is not a suitable vehicle for color. Even if infinitely prolonged, it is difficult for it to give tone and color values any scope for display. If its thickness is increased enough for color to have an adequate field of action, then, to remain a line, its length must be extended beyond visual range. The black line loses its intensity and turns grey as it gets thinner. The white line holds out longest against a black background. It gains additional luminosity as it grows thinner.

In the field of reproduction the woodcut, the linocut and the etching are particularly suitable for linear designs because in these original techniques both the material and the instruments lend themselves ideally to the production of line. In the woodcut and the linocut the line cut in the material appears negative (white on black) in the print. For a black line on a white ground a more complicated process is necessary. The etching genuinely produces a positive black line on an white ground, although, to the superficial observer, the actual operation, the formation of the line, seems basically the same as that in the woodcut and the linocut. The etching is better suited than almost any other medium for making lines of extreme delicacy. The ungrained smooth lithographic stone, the offset plate and, more recently, the film, offer the least resistance to the production of line. Linear designs can be easily drawn with a pen of brush. The material itself sets no limits to refinements in the thickness of the stroke or to the rapidity with which the strokes can be executed.

All these methods of reproduction have been rendered obsolete by the latest technical developments. All the same, they do afford the student today a practical opportunity of coming to grips with basic methods within the field of reproduction where processes are growing constantly more complicated. In these primary printing techniques trimmings and frills must be dispensed with. The purest expression of line, the manifestation of its essence so to say, is invariably attained with the most success when – like every other pictoral element – it is conceived with its reproduction by a printing technique in mind.

Encounters between dissimilar elements within compositions containing dots or lines only can be readily followed even if complicated arrangements and formations are involved. In compositions depending on contrasts, such as much–little, horizontal–vertical, dynamic–static, light–dark, etc., the basic idea can be deciphered without difficulty. But the creation of consonances, in which the individual elements are taken from worlds of mutually alien character and in which movements and groupings always follow their own laws, confronts the student with complicated and unfamiliar processes. To bring together in harmony two disparate systems necessarily presupposes a greater depth of artistic perception and the courage to embark upon new trains of thought and novel formulations.

Even in the early stages, bringing together two opposed components proves to be extremely fruitful because, as the basis of more complicated composition studies, it already affords new onsights of decisive importance. The meeting of a square and a circle within a predetermined field of action has been selected as the basic example in the following chapter. Confrontation is a theme on which variations can be played with any desired consonances, with any imaginable values and in a great variety of ways. Hence a number of examples which strictly belong to the chapter on confrontation will be found scattered all over the book. To bring together disparate values, to achieve equilibriums of every kind, to resolve opposites on a higher plane is a task transcending the problems considered here from the graphic point of view and has, indeed, become one of the cardinal tasks of our age.

Combining design and lettering epitomizes the special world of harmonics in which the graphic designer works. The difficult task of unifying two different kinds of graphic system is characteristic of his vocation and is also a clue to what is required in his training. This basic dyad is of an unusual character; its complexity becomes apparent only when the two systems involved are carefully studied.

Writing is purely a means of communication built up from linear geometrical sign which are understood on the basis of mutual agreement. But the system had first to be invented and it requires a mental effort on everybody's part to elicit a message from signs which were hitherto unfamiliar. The picture, on the other hand, contains an inherent message. Although it also costs us an effort – and today more than ever before – to "read" its outward forms, which may range from a realistic depiction or a stylized representation to a non-figurative picture, it nevertheless speak to us directly. Unlike lettering, the picture radiates movements, tone values and forms as forces which evoke an immediate response. The reconciliation of this typical antagonism calls for a great deal of knowledge and skill in all tasks where picture and lettering are to be combined.

In applied art the problem must always be solved with the technique of reproduction in mind. In the case of the woodcut, the etching and the lithography, the nature of the instrument and the printing surface inevitably led to the picture and lettering being conceived in the same spirit and executed in a manner appropriate to the material. As soon as the movable letter was introduced in letterpress printing, lettering began to develop in its own way, with the result that, with industrialization, the process of lettering was partitioned off and became extremely complicated technically. Similarly the versatility of modern printing methods, the advent of photography and motion pictures and, last but not least, the new formal language of painting have invested the picture with great expressive power, but at the same time they have made the initial conditions for producing a picture substantially more difficult. Today it is a practical impossibility to acquire a mastery of every separate technical and artistic aspect of the creation of pictures and lettering. There has been a change in the functions of the graphic designer. Today he must know, on the one hand, precisely what can be offered him by the highly specialized branches into which the originally simple and readily understood printing trade has split and, on the other hand, he must develop and realign his artistic perception accordingly. Only then will he be able to find creative solutions to the problems presented by a confrontation of opposites.

Probably very few people are conscious of the structure of our letter system. These legible symbols are too familiar to provoke us into reflections on their basic construction. Perhaps it should be emphasized that we resort to the basic elements of creative art when we compose or receive a written message. From this point of view, letter forms assume considerable importance in that, apart from their actual function as a means of communication, they also afford on of the few occasions when modern man has to deal with the pure formal element. This means an increased responsibility for those who work with lettering and letter forms in an influential capacity.

In the training of graphic designers a considerable part of the curriculum is taken up by writing letters in imitation of historical models, drawing letters, constructing and composing letters and, to an increasing extent, by the composition of printing type. Work on lettering is certainly the part od their training which is most clearly marked out in advance because of the stability of the traditional forms and the traditional system; but this tradition-bound atmosphere is also the least susceptible to the winds of change.

Previously, the way to teach lettering was clearly defined, for the work to be done in actual practice formed the basis for the course of instruction. Accordingly the work revolved largely round the shaping of individual letters, creating new types of letters and ornamental and fancy letters. Lithography, which was for a long time the main means of reproduction, was well-adapted for hand-drawn letters in every respect. But now, when graphic reproduction has been revolutionized by the mechanization of almost all its processes, the designer is precluded from having any direct influence on the future development of letters. The hand-drawn word and the logotype designed specially for a specific purpose have become rare.

People working with letters today find that their task consists increasingly of the combination of ready-made components. As the development of letters in the next few years is bound to be determined by the important type-founders, we know roughly what lines this further development is likely to take: above all it will be characterized by a more and more pronounced gradation within the familiar series of type faces. The designer will be in the position of a composer who can produce ever richer sound patterns because of the ever more finely differentiated categories of type faces at his disposal. It is this maneuverability with varieties of type displaying richer and finder shades of distinction which must guide us in the organization of future courses in lettering.

The designing of whole alphabets and the study of historical letter forms remain indispensable to the teaching of form. At the same time, however, new paths must be explored so that a sense of the finest distinctions can be cultivated, so that the basic elements of our letters can appear in a new form, and so that those special abilities for combining are developed which lettering will demand in future. The creation of all those symbols and logotypes which are an ever more striking feature of the world in which we live calls for a new and fresh approach to lettering in the part of the designer. In these logotypes the combination of letters can be more or less obvious; but only deliberately contrived encounters of elements and confrontations of values can lead beyond the letters to new forms of expression.

Der Punkt
Le point
The dot

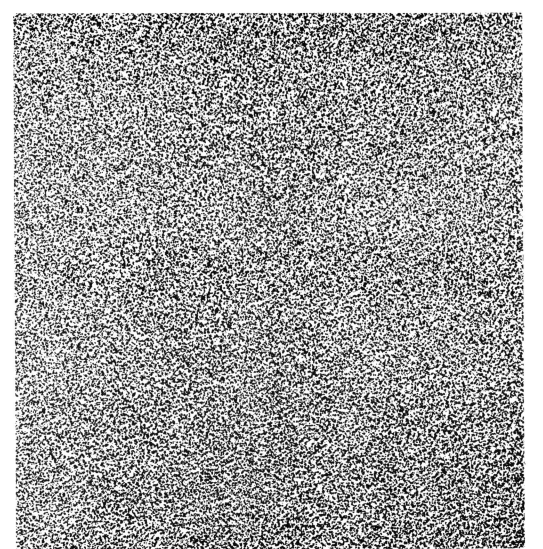

1

1
Der Punkt entsteht, wenn Bleistift oder Kreide über eine stark gekörnte Oberfläche gleiten. (Lithographie)
2
Der Punkt entsteht durch kurzes Aufsetzen einer Tuschfeder auf einem glatten Untergrund.

1
Le point naît du frottement d'un crayon ou d'une craie sur une surface fortement granulée. (Lithographie)
2
Le point naît du bref contact d'un stylo à encre de Chine sur un fond uni.

1
The dot ist produced when a pencil or crayon is passed over a roughly grained surface. (Lithograph)
2
The dot is produced by briefly touching a smouth surface with pen and India ink.

2

3

3

3
Kombinieren von zwei verschiedenen
Vorgängen. Die kleinen weißen
Punkte entstehen indirekt durch
Überkreiden des stark gekörnten
Untergrundes; der weiße Punkt in
der Mitte ist mit einem
spitzen Instrument (Schaber)
herausgestochen. (Lithographie)

3
Combinaison de deux procédés
différents. Les petits points blancs
apparaissent indirectement,
après passage de la
craie sur un fond fortement granulé.
Le point blanc plus important est
obtenu par grattage à l'aide d'une
pointe à graver. (Lithographie)

3
A combination of two different
processes. The small white dots are
produced indirectly by chalking
over the roughly grained surface,
whereas the white dot in the center
is cut out with a sharp instrument,
such as a scraper. (Lithograph)

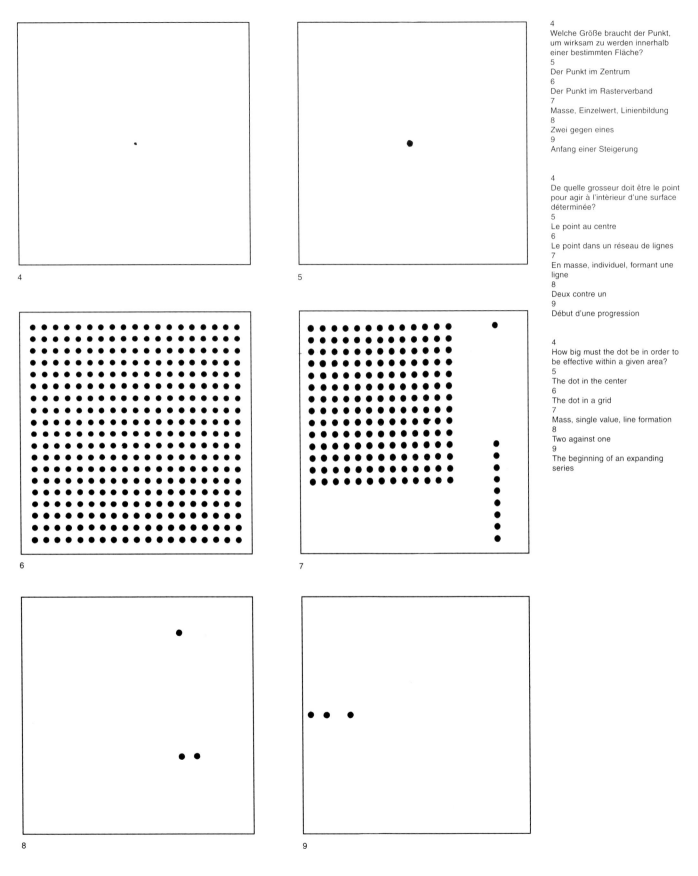

4

4
Welche Größe braucht der Punkt,
um wirksam zu werden innerhalb
einer bestimmten Fläche?
5
Der Punkt im Zentrum
6
Der Punkt im Rasterverband
7
Masse, Einzelwert, Linienbildung
8
Zwei gegen eines
9
Anfang einer Steigerung

4
De quelle grosseur doit être le point
pour agir à l'intérieur d'une surface
déterminée?
5
Le point au centre
6
Le point dans un réseau de lignes
7
En masse, individuel, formant une
ligne
8
Deux contre un
9
Début d'une progression

5

4
How big must the dot be in order to
be effective within a given area?
5
The dot in the center
6
The dot in a grid
7
Mass, single value, line formation
8
Two against one
9
The beginning of an expanding
series

6

7

8

9

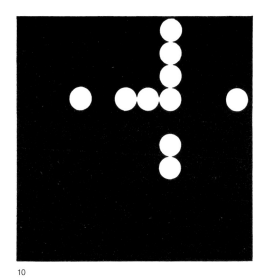

10

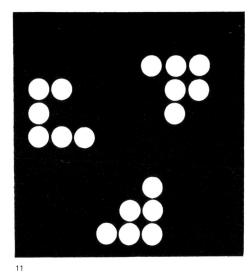

11

12

10
Punktekreuz aus einer Raster-
einteilung herausgelöst
11
Drei Punktegruppen aus derselben
Einteilung
12
Freie Streuung ohne Rasterbindung

10
Croix formée de points ouverts
dans les mailles d'une trame.
(Le nom de trame est donné à la
décomposition d'une surface en
un certain nombre de parties égales.
La trame la plus simple est obtenue en traçant des horizontales et
des verticales ayant entre elles le
même espacement.)
11
Trois groupes de points provenant
de la même trame
12
Libre dispersion sans relation avec
la trame

10
Cross of dots separated out from
the grid pattern
11
Three groups of dots from the same
pattern
12
Free distribution without a grid
pattern

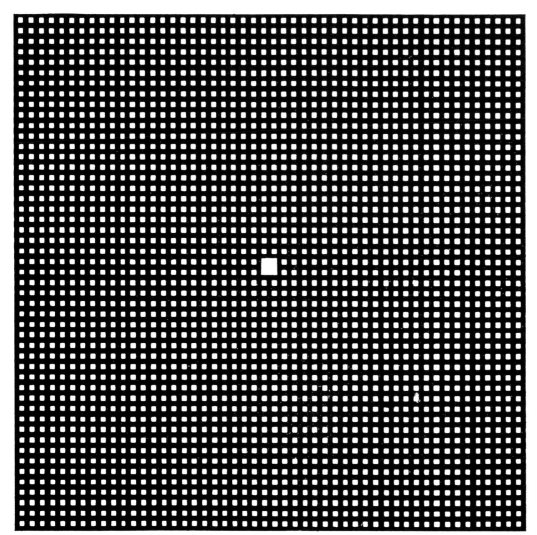

13

Der viereckige Punkt. Der Kreuz-
linienraster führt automatisch zur
Erzeugung von quadratischen
Punkten. Erst der bewußte Eingriff
in den Raster läßt die Aussparung als
Punkt hervortreten. Ähnliche
Situation wie bei Nr. 3.

13

Le point parré. La trame formée
de lignes qui s'entrecoupent
engendre automatiquement des petits
points carrés dont la surface peut
être modifiée par intervention dans
les mailles de la trame. Même cas
que numéro 3.

13

The square dot. The lattice grid
automatically produces square dots.
Only deliberate interference with
the grid makes the gap stand out as
a dot. The situation is similar to
No. 3.

13

14

15

14 15 16 17 18
Werden die Linien des Rasters unterbrochen, schließen sich die weißen Punkte zu Zeichen und Figuren zusammen.

14 15 16 17 18
Si l'on coupe les lignes de la trame, les points blancs forment des signes et des figures.

14 15 16 17 18
If the lines ot the lattice grid are interrupted, the white dots combine to form symbols and figures.

16

17

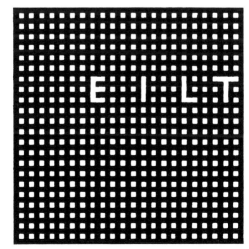

18

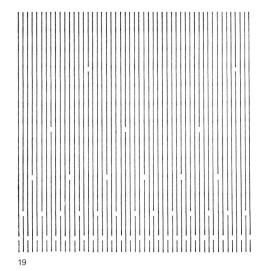

19

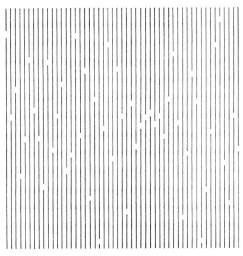

20

19 20 21
Werden die Linien bei einem dünnen
Linienraster unterbrochen, so ergibt
die Aussparung zusammen mit den
seitlichen Zwischenräumen den
Punkt, der wiederum erweitert werden
kann zu Bewegungen und Figuren.
Vergleiche Nr. 73–76.
22 23 24
Verschiedene Punkte-Konstellationen
aus einem groben Raster
herausgelöst

19 20 21
Si dans un fin réseau on sectionne
des lignes, les parties coupées
créent par addition des intervalles
latéraux um point qui peut à son
tour être élargi de sorte qu'il en
résulte des mouvements et des figures. Voir numéros 73–76.
22 23 24
Différentes constellations de
points obtenues à partir d'une trame
sommaire

19 20 21
If the lines in a grid of thin lines
are interrupted, the dot is produced
by the gap and the interstitial spaces
at its sides. These dots can once
again combine to create figures and
path of movement. See No. 73–76.
22 23 24
Various patterns of dots separated
out from a coarse grid

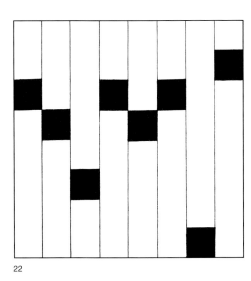

21

22

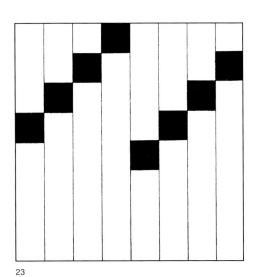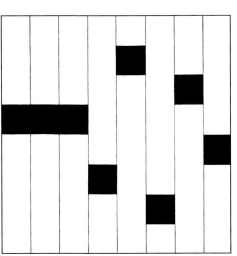

23

24

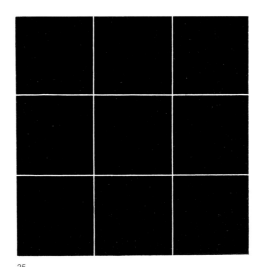

25

26

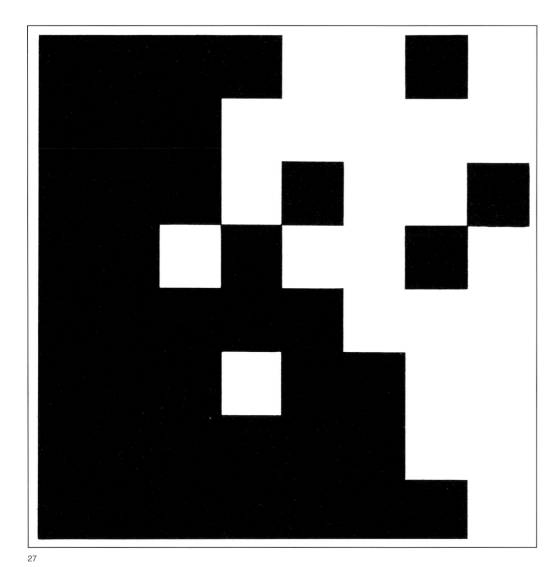

27

27 28
Schwarze Punkte im Weißen.
Weiße Punkte im Schwarzen
29
Kompositionsübung

27 28
Le blanc est support de points noirs.
Le noir devient support de points
blancs.
29
Exercice de composition

27 28
Black dots on an white background.
White dots on a black background.
29
Composition study

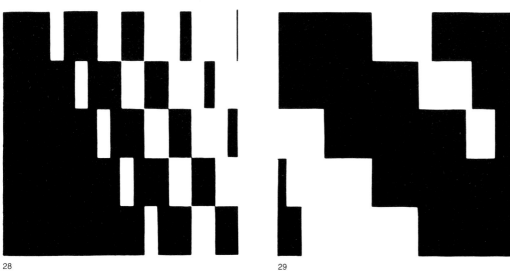

28

29

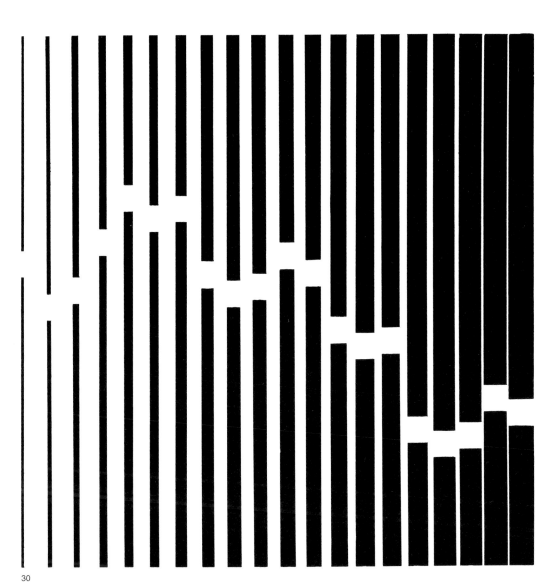

30 31
Gleiche Übung wie Nr. 19–21,
jedoch mit progressiver Liniendicke

30 31
Même exercice qu'aux numéros 19–21,
mais en utilisant des lignes
progressivement plus épaisses

30 31
Same exercise as No. 19–21 but with
progressively thicker lines

30

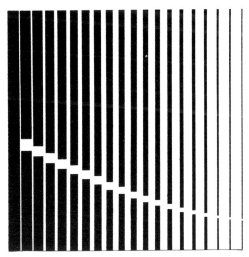

31

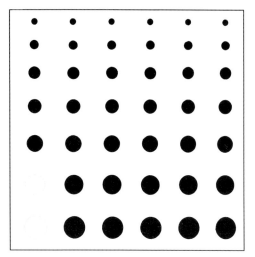

32

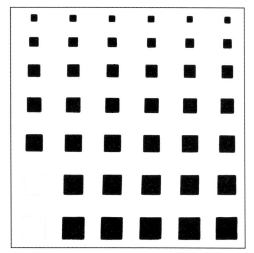

33

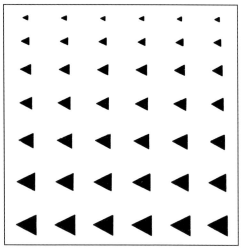

34

35

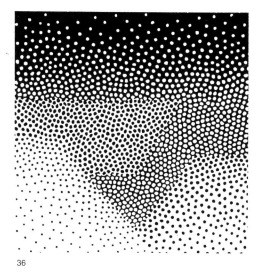

36

32 33 34
Der kleinste wahrnehmbare Punkt wirkt rund. Welche Größe braucht er, damit die Frage nach der Form gestellt wird?
35
Der langsame Übergang von positiven zu negativen Punkten vollzieht sich beim gekreideten Verlauf von selbst.
36
Versuch zu einem Plakat für Winterhilfe

32 33 34
Le plus petit point perceptible semble rond. A partir de quelle grosseur s'interroge-t-on sur la forme des points?
35
Le passage progressif des points positifs (en haut) aux points négatifs (en bas) s'accomplit spontanément par un dépôt de plus en plus compact de craie sur un fond très grenu.
36
Projet pour une affiche concernant le secours d'hiver

32 33 34
The smallest perceptible dot looks round. How big must it be before the question of its shape arises?
35
The slow transition from positive to negative dots is a natural consequence of a chalk stroke.
36
Experiment for a "Winter Aid" poster

37

37

37
Beim feineren Korn verschwindet
der Punkt in der Grauwirkung.
Er bleibt aber Träger des ganzen
Verlaufes. (Litographie)

37
Lorsque le grain est très fin, le point
s'estompe et l'œil n'enregistre que
des valeurs de gris, mais c'est toujours le point qui produit cet effet.
(Lithographie)

37
Where the grain is finer, the dot
merges into the grey effect. However,
it still remains the essential
component of the stroke. (Lithograph)

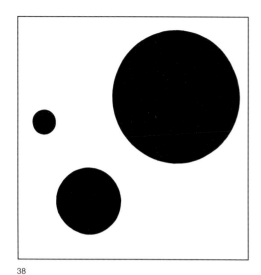

38

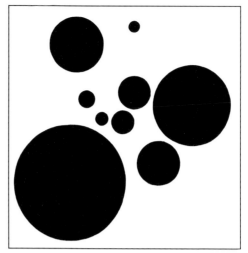

39

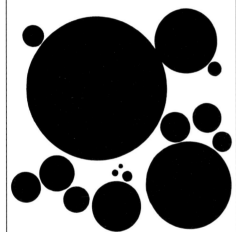

40

38
Punkte, dreimal gestuft
39
Kleinster Punkt isoliert
40
Wechselndes Spiel zwischen
verschiedenen Punktegruppen
41
Umsetzungsübung nach der Natur.
Punktebildung im Herbstfall.
(Lithographie, mehrfarbig, Punkte
rötlich, Blattfläche grün;
Mengenkontrast)

38
Points de trois tailles différentes
39
Le plus petit point isolé
40
Jeu d'interférences entre différents
groupes de points
41
Exercice de transposition d'après
nature. Formation de points sur une
feuille d'automne. (Lithographie,
feuille verte, points rougeâtres;
contraste des quantités)

38
Dots, three sizes
39
Smallest dot isolated
40
Interaction between various groups
of dots
41
Transposition exercise from nature.
Dot formation in an autumn leaf.
(Lithograph, multi-colored, dots
reddish, leaf surface green; contrast
of quantity)

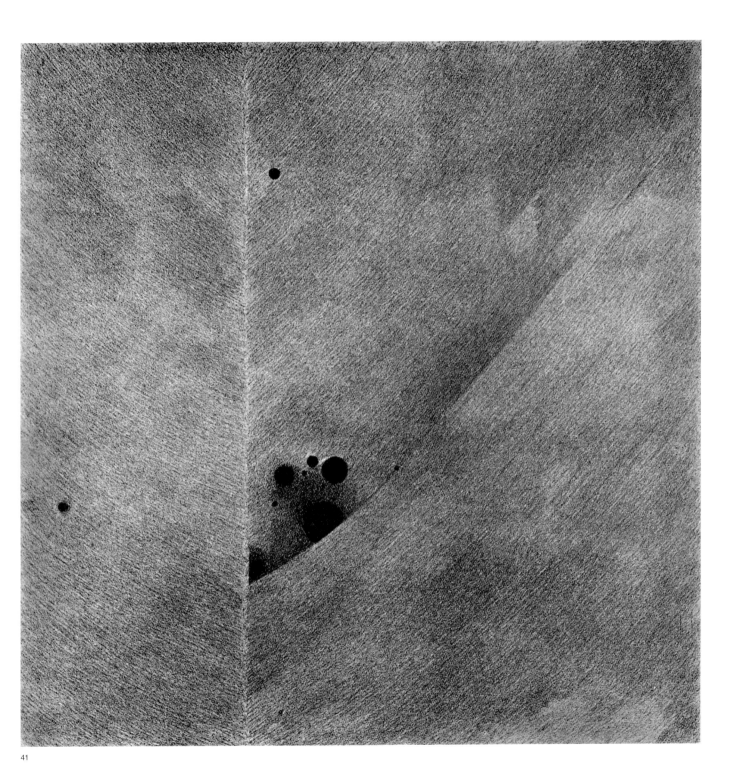

41

42

Umsetzungsübung nach der Natur,
verbunden mit einer Kompositionsaufgabe (Lithographie)
43
Packung für Raupenvertilgungsmittel.
Die Punkte bleiben Kompositions-
inhalt, auch innerhalb der
räumlichen Abwicklung der Hülle.

42
Exercice de transposition d'après
nature lié à un exercice de
composition (Lithographie)
43
Emballage pour un produit à
écheniller. Les points demeurent
essentiels à la composition, même
dans son déroulement sur les
différentes faces de la boîte.

42
Transposition exercise from
nature combined with a composition
problem (Lithograph)
43
Package for caterpillar exterminator.
The dots remain an inherent part of
the composition even when the wrap
is given a three-dimensional form.

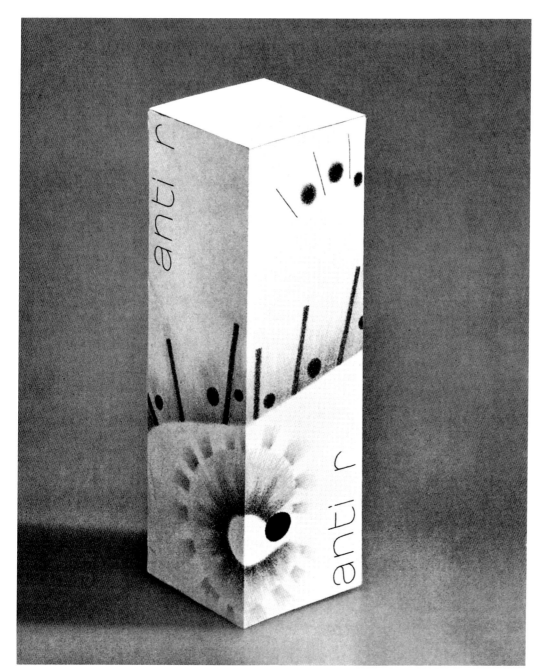

43

44

44
Zur Differenzierung der Punkte-
größen stößt noch die Grauwert-
stufung. Kompositionsbasis ähnlich
wie Nr. 38.
45
In das Helldunkelspiel der Grauwert-
stufen wird zusätzlich noch die
Farbe miteinbezogen.
Auf jeder Packungsseite erscheint
eine andere Konstellation.
Im Zusammenspiel aller sichtbaren
Seiten entsteht ein neuer Klang.
Die Übung befaßt sich gleichzeitig
mit den räumlichen Gesetzen des
Würfels.
Nr. 44 und 45 sind Vorstufen
zum räumlichen und tonwertmäßigen
Komponieren mit Gegenständen.
46
Punktebewegungen und Grauwert-
stufen bei Gegnständen. Die
dunklen und hellen Punkte sind
Kompositionshintergrund.
(Zusammenarbeit mit dem Photokurs)

44
Points de grosseur différente, en
différentes valeurs de gris. Base de
composition semblable à celle du
numéro 38.
45
Au jeu de clair-foncé crée par les
différentes valeurs de gris on ajoute
celui de la coleur. Sur chaque face
de l'emballage apparaît une autre
constellation. Le jeu des faces
visibles simultanément crée une
impression nouvelle. L'exercice
aborde les problèmes spatiaux.
Les numéros 44 et 45 sont les
premiers degrés d'une composition
d'objets dans l'espace et en valeurs
de tons.
46
Mouvements de points et valeurs
dégradées en gris sur les objets. Les
points clairs et sombres sont la base
de la composition.
(Collaboration avec le cours
de photo)

44
The difference in the size of the
dots is now underlined by different
values of grey. The basis of the
composition is similar to No. 38.
45
Color is now added to the play
of light and shade in the different
values of grey. A different configuration appears on each side of
the package. The interplay between
all the visible sides brings in a new
compositional element. At the same
time the spatial laws of the cube
receive due attention.
No. 44 und 45 are preliminary steps
leading to spatial compositions with
objects in which tone values also
play their part.
46
Movements of dots and tone value
in objects. The light and dark dots
form the background of the
composition.
(Executed in collaboration with the
photography course)

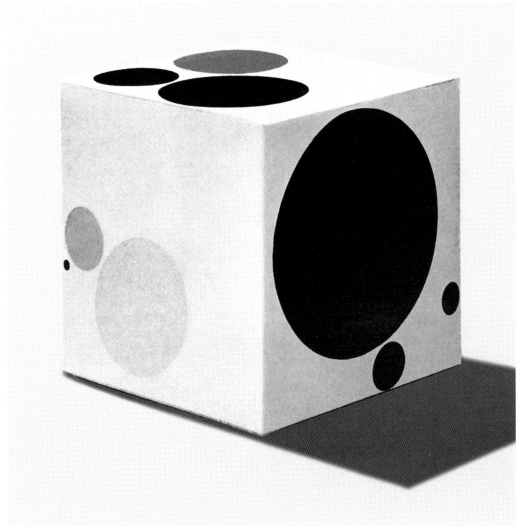

45

47

47
Der runde Punkt wird in 9 Teile
geschnitten. Durch Herauslösen
einzelner Teile entstehen Figuren,
welche die Grundform mehr oder
weniger ahnen lassen.
48
Ausgangspunkt für die Übung
Nr. 47

47
Le point rond est divisé en neuf
parties. Par le retranchement de
quelques-unes de ces parties naissent
des figures qui laissent plus ou
moins deviner la forme primitive.
48
Point de départ pour le numéro 47

47
The round dot is divided into nine
parts. By blanking out single parts,
figures are obtained which more or
less suggest the basic form.
48
Starting point for the exercise
No. 47

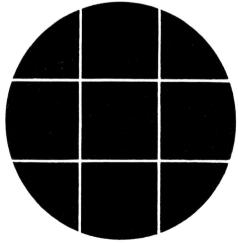

48

49
Übersetzungsübung aus der Natur
50
Ähnliche Übung wie Nr. 47. Ein
Viertel des Punktes wird
herausgelöst, die Restfiguren werden
abgedreht und zu einem Zeichen
zusammengestellt.

49
Exercice de transposition d'après
nature
50
Exercice similaire au
numéro 47. On conserve les trois
quarts de la surface d'un point que
l'on déplace en le faisant pivoter
sur lui-même pour former une figure.

49
Transposition exercise from nature
50
Similar exercise to No. 47. A quarter
of the dot is blanked out, the
remaining figures are turned and
fitted together to make a symbol.

49

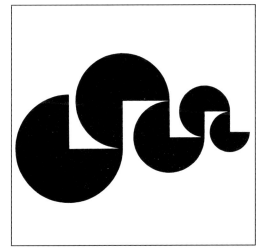

50

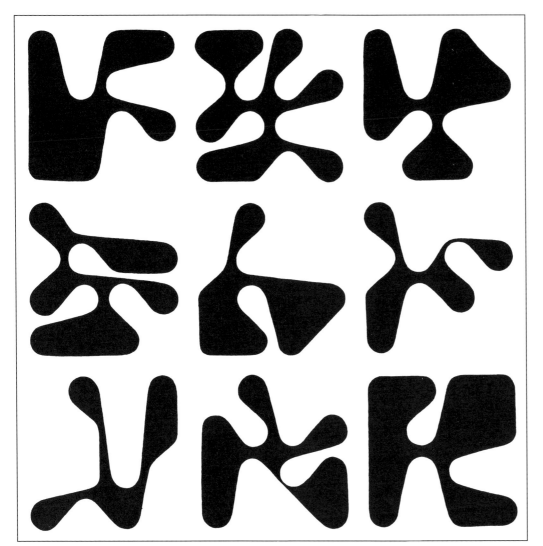

51

51
Variationsübung: wachsende,
fließende Gebilde begegnen sich.
Ausgangslage: 16 Punkte. Einzelne
Punkte werden herausgelöst und
untereinander verbunden. Die so
entstandenen 9 Variationen werden
wieder zu einer Einheit
zusammengebaut.
52
Ausgangslage für Nr. 51, Fig. 1
53
Umsetzungsübung nach der Natur.
Punktebildung auf einem Herbstblatt
(Lithographie)

51
Exercice de variations propre à
exprimer des ensembles de forme
fluide. Les 16 points d'une
composition sont isolés et reliés
différemment. Les 9 variations ainsi
obtenues forment autant de
compositions nouvelles.
52
Situation de départ pour le
numéro 51, fig. 1
53
Exercice de transposition d'après
nature. Formation de points sur
une feuille d'automne. (Lithographie)

51
Study in variations: growing, fluid
structure meet one another.
Starting position: sixteen dots.
Certain dots are singled out and
linked together. The nine variations
thus created are recombined into
a new unit.
52
Starting position for No. 51, figure 1
53
Transposition exercise from nature.
Dot formation on an autumn leaf.
(Lithograph)

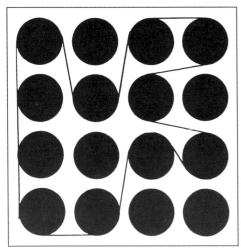

52

53

54

54
Übersetzungsübung nach Kiesel-
steinen. Bis jetzt war der runde Punkt
Ausgangslage der Übung. Aber
auch bei stärkeren Verformungen
wirkt sich die Strahlungskraft, die
jedem punktförmigen Gebilde
innewohnt, aus. An sich ist diese
Arbeit lediglich eine Abwandlung der
Kompositionsaufgabe Nr. 38.
(Linolschnitt)
55
Ausgießen und Verfließen.
Umsetzung des Vorganges in einer
Anwendungsübung.

54
Exercice de transposition à partir
de galets. Jusqu'ici le point rond
était l'élément de base des
exercices. Même au cours des ses
plus grandes déformations, il
conserve cette force de rayonnement
que possède toute tache dérivée
du point. En soi, ce travail n'est
qu'une modification de l'exercice de
composition numéro 38.
(Gravue sur linoléum)
55
L'encre renversée s'étale.
Transposition du phénomène dans un
exercice d'application.

54
Transposition exercise from pebbles.
Previously the round dot has been
the starting point for the exercises.
But even when the dot is grossly
distorted, it still retains the radiating
power which is inherent in every
dot-shaped structure. This exercise
is basically a variant of composition
study No. 38. (Linocut)
55
Pouring out and flowing away.
Transposition of the process into a
practical exercise.

55

56
Punktverbindung in einer
Herbstblatt-Aufgabe (Lithographie)

56
Combinaison de points dans la
représentation d'une feuille morte
(Lithographie)

56
Linked dots in an autumn leaf study
(Lithograph)

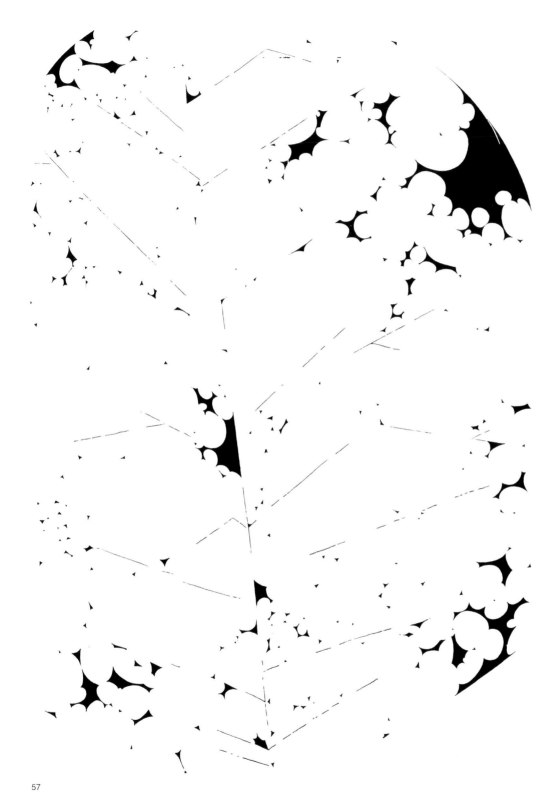

57
Herbstblatt-Übung. Bei stärkster
Massierung von Punkten entstehen
neue, kleinste, punktförmige
Restformen. (Lithographie)
58
Büchse für ein Pflanzenschutzmittel.
Verfolgten wir bei Nr. 43 und Nr. 44
Abwicklungen von Punkte-
gruppierungen auf kubischen Körpern,
ist hier der Zylinder als
Übungskörper gewählt.

57
Exercice sur une feuille morte. Du
fait de la forte concentration de
points naissent des formes
résiduelles nouvelles extrêmement
petites, réduites elles-mêmes à des
points. (Lithographie)
58
Boîte contenant un produit pour
protéger les plantes. Alors qu'aux
numéro 43 et 44 le développement
des groupements de points se faisait
sur un solige parallélipédique, il
s'agit ici d'un cylindre.

57
Autumn leaf study. The dots are
intensively massed together and
leave over new and minute dot-
shaped forms. (Lithograph)
58
Container for a plant insecticide.
Whereas in No. 43 and 44 we saw
how groups of dots were disposed
over cubes, here the solid chosen
is the cylinder.

Herba force
Pflanzenschutz-
mittel
gegen
Mehltau
Blattläuse
und Käferfrass
500gr Fr. 8.50

58

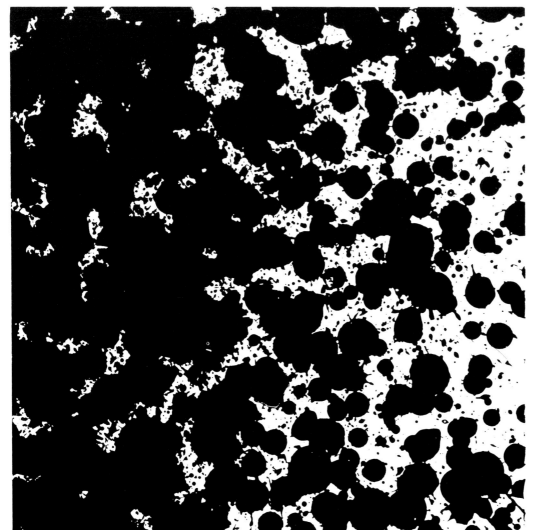

59

59

Tropfenverlauf, entstanden aus zwei
nacheinander folgenden Aktionen
mit verschiedenartigen Pinseln
(Lithographie)
60
Lassen wir Tuschtropfen vom Pinsel
auf das Papier fallen, können wir
die innere Kraft des Vorganges
besonders gut am Resultat ablesen:
die Strahlung schlägt um in
Explosivkraft.

59
Projection de gouttes
à l'aide de pinceaux différents
successivement utilisés
(Lithographie)
60
Si nous laissons tomber du pinceau
des gouttes d'encre de Chine sur
le papier, nous pourrons constater,
d'après le résultat, la force
potentielle du procédé. Les
projections sont comparables à
celles d'une petite explosion.

59
Traces left by dops, produced
by successive manipulations with
different kinds of brushes
(Lithograph)
60
If we let drops of India ink drip
from a brush onto the paper, the
power inherent in the process is
expressed with particular vividness
in the result obtained: the radiation
bursts forth with explosive power.

60

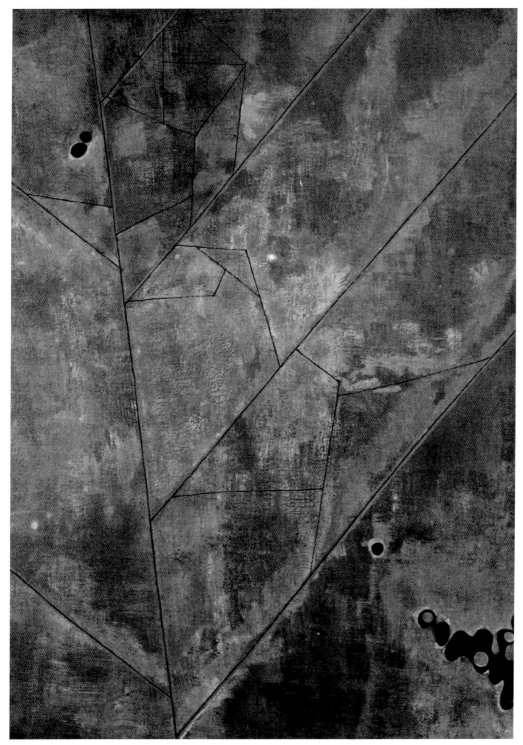

61

61
Herbstblatt-Übung. Angriff der
Punktegruppe auf das Liniensystem.
(Tempera, mehrfarbig: violettbraune
Punkte auf olivem Hintergrund)

61
Exercice sur une feuille morte.
Offensive de groupes de points
contre un système de lignes.
(Détrempe polychrome: points bruns
violets sur fond vert olive)

61
Autumn leaf study. The group of
dots brings its influence to bear on
the line system. (Tempera, multi-
colored: violet-brown dots on an
olive background)

62

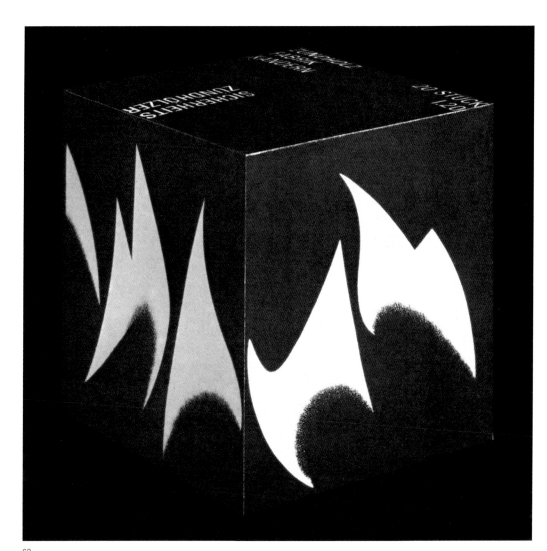

62
Ausschnitt aus einem Schmetterlings-
flügel. Der Punkt gerät in Fahrt.
(5-farbige Kreide-Lithographie)
63
Entwurf für eine Kerzenverpackung.
Ähnliche Situation wie bei Nr. 62.
Punkteflucht beim Aufflammen von
Kerzen. (Verbindung Kreidestruktur/
Fläche/Schrift, auf Offsetplatte
gezeichnet)
64
Punkteflucht durch Druckbewegungen
mit einer Kreide (Lithographie)

62
Fragment d'une aile de papillon. Le
point d'élance. (Dessin à la craie en
5 couleurs – lithographie)
63
Projet pour emballage de bougies.
Même situation qu'au numéro 62.
Mouvement de fuite des points pour
dessiner la flamme des bougies.
(Association: structure de la craie/
surface/caractères – dessiné
sur plaque offset)
64
Mouvement de fuite des points
provoqué par les déplacements de
la craie (Lithographie)

62
Part of a butterfly's wing. The
dot is set in motion. (5-color chalk
lithograph)
63
Design for a candle box. Situation
similar to No. 62. The dots take
flight as the candles flare up.
(Combination of crayon texture,
surface and lettering, drawn on
offset plate)
64
Streaming motion of dots, produced
by a crayon moved under pressure
(Lithograph)

63

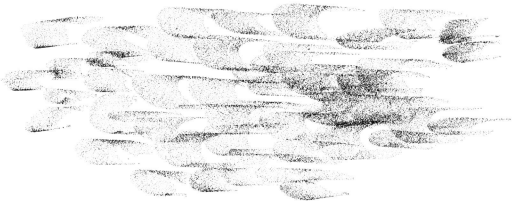

64

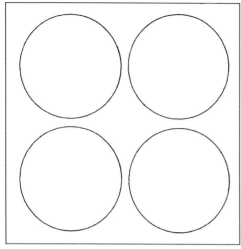

65

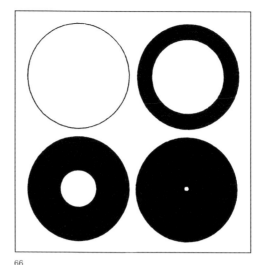

66

65 66 67 68 69
Der Kreis. Ähnliche Übungen wie
Nr. 38, 39, 40. Bei Nr. 66, 68, 69
kommt zur Abstufung in der Größe
zusätzlich die Differenzierung der
Linie. Daraus ergibt sich als neues
Element der weiße Punkt im
schwarzen Punkt.

65 66 67 68 69
Le cercle. Exercice similaire aux
numéros 38, 39, 40. Aux numéros
66, 68, 69, differentes épaisseurs de
tracés s'ajoutent à la variation des
diamètres. Il en résulte un nouvel
élément, le point blanc dans le point
noir.

65 66 67 68 69
The circle. Exercises similar to
No. 38, 39, 40. In No. 66, 68, 69
variations in size are accompanied
by differences in the thickness of
the line. This gives rise to a new
element: the white dot in the black
dot.

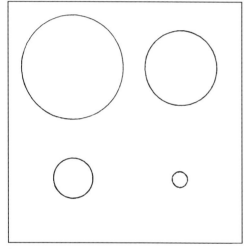

67

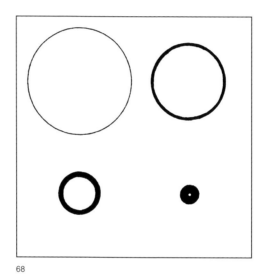

68

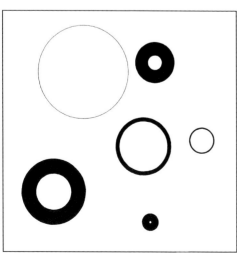

69

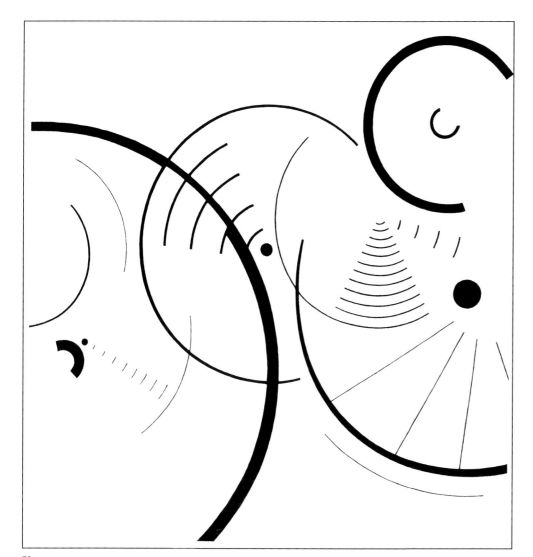

70

70
Vorstufe zu einem Kinderverkehrs-
garten-Plakat. Anwendung der
Übungen Nr. 65–69. Neues Element:
Kreissegment.
71
Kreissegmente

70
Projet d'affiche destinée à un circuit
de circulation pour enfants.
Utilisation des exercices numéros
65–69. Nouvel élément: l'arc de
cercle.
71
Trois arcs de cercle

70
First stage of a design, for a poster
advertising a children's traffic
school. Application of exercises
No. 65–69. New element: segment
of a circle.
71
Segments of a circle

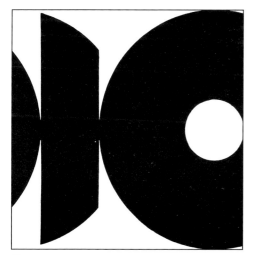

71

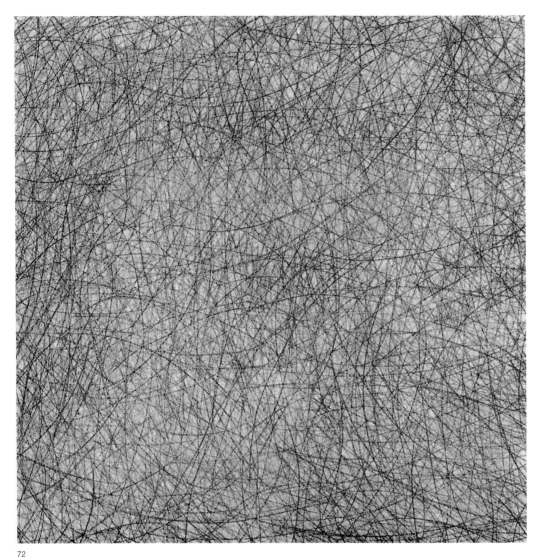

72

72
Freie Übung mit Kreissegmenten
(Lithographie)
73 74 75 76
Ausgangspunkt dieser Übungen ist
ein Kreisraster. Die verschiedenen
Konstellationen ergeben sich durch
das Herauslösen einzelner Teile
des Rasters. Die Resultate lösen die
verschiedenartigsten Empfindungen
aus: Drehen, Fahren, Vorüberflitzen,
Schaukeln, Kreuzen usw. (Übungen
mit dem Zirkel)

72
Exercice spontané avec des arcs de
cercles (Lithographie)
73 74 75 76
Le point de départ de ces exercices
est une trame composée de cercles.
Les différentes constellations sont
obtenues en enlevant quelques
parties de la trame. Les impressions
les plus diverses comme tourner,
rouler, filer, balancer, se croiser,
etc. en résultent.
(Exercices au compas)

72
Free exercise with segments of
circles (Lithograph)
73 74 75 76
The starting point for these exercises
is a circular grid. The various
patterns are obtained by blanking
out different parts of the grid. The
results elicit a wide variety of
sensations: rotating, moving, flitting
past, rocking, crossing, etc. (Exercises executed with a pair of
compasses)

73

74

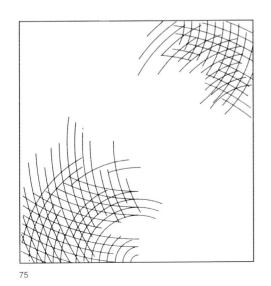

75

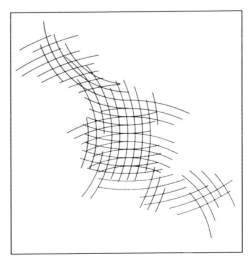

76

80

80
Drehübung. Aus einem Mittelpunkt
werden Partikel spiral
hinausgeschleudert. (Lithographie)
81
Drehübung. Mit einer Kreide werden
Drehungen direkt ausgeführt.
(Lithographie)

80
Exercice de rotation. A partir d'un
centre des particules sont dispersées
en spirale. (Lithographie)
81
Exercice de rotation. Avec une craie
on exécute spontanément une série
de révolutions. (Lithographie)

80
Study in rotation. Particles are
propelled from the central point
along spiral path. (Lithograph)
81
Study in rotation. Rotary lines are
made direct with a crayon.
(Lithograph)

81

Mustermesse
Halle 9
26. Aug-15. Sept.
14-17 Uhr
Täglich geöffnet
Sonntags
geschlossen

82
Kinderverkehrsgarten-Plakat. Der
Drehprozess wird durch die Schrift
ausgelöst. (Die auf eine Schallplatte
montierte Schrift wurde in Bewegung
gesetzt und photographisch
festgehalten.)

82
Affiche destinée à un circuit de
circulation pour enfants. Le
mouvement de rotation est suggéré
pas les inscriptions. (Photographie
d'une inscription portée sur un
disque tournant)

82
Poster for children's traffic school.
The rotating process is initiated
by the lettering. (The letters were
arranged on a gramophone record,
set in motion and then photographed.)

82

83

84

83 84 85 86 87 88
Die Kugel als Raumpunkt
(Verschiedene Lichteinfälle)

83 84 85 86 87 88
La sphère, point dans l'espace, sous
différents éclairage

83 84 85 86 87 88
The sphere as a space-occupying dot
(Various forms of lighting)

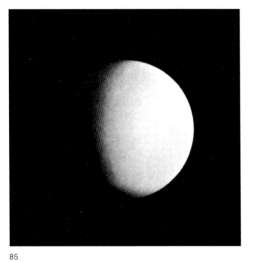

85

86

87

88

Holländische Frischeier
Stück 26 Rp
In jedem Fachgeschäft erhältlich
Eier Import AG Basel

89

Holländische Frischeier
Stück 26 Rp
In jedem Fachgeschäft erhältlich
Eier Import AG Basel

90

89 90 91
Inserate für Eier

89 90 91
Annonces publicitaires pour des
œufs

89 90 91
Advertisements for eggs

Holländische Frischeier
Stück 26 Rp
In jedem Fachgeschäft erhältlich Eier Import AG Basel

91

92

92
Segment einer Holzkugel
93
Kompositionsübung mit Holzkugeln:
groß/klein, vollständig/angeschnitten,
scharf/unscharf, hell/dunkel.

92
Vue partielle d'une sphère en bois
93
Exercice de composition avec des
sphères en bois. Opposition grand/
petit, entier/fragmentaire, précis/flou,
clair/sombre.

92
Segment of a wooden sphere
93
Composition study with wooden
spheres: large–small, complete–
incomplete, distinct–indistinct,
light–dark.

93

94

94
Plakat für Winterhilfe. Anwendung
von Nr. 93.

94
Affiche pour le secours d'hiver.
Application du numéro 93.

94
Poster for "Winter Aid".
Application of No. 93.

Osram
Glühlampen
in jedem
Fachgeschäft

Osram AG
Zürich
Limmatquai 3
Tel. 32 72 80

95
Glühlampen-Inserat. Das Tageslicht
scheint durch die transparente Kugel.

95
Publicité pour des ampoules
électriques. La lampe est éclairée de
l'extérieur par la lumière du jour.

95
Advertisement for electric light
bulbs. The daylight shines through
the transparent sphere.

95

Osram
Glühlampen
in jedem
Fachgeschäft
Osram AG
Zürich
Limmatquai 3
Tel. 32 72 80

96

96
Glühlampen-Inserat. Die Kugel
strömt künstliches Licht aus.

96
Publicité pour ampoules électriques.
La lampe émet de la lumière.

96
Advertisement for electric light
bulbs. The sphere radiates artificial
light.

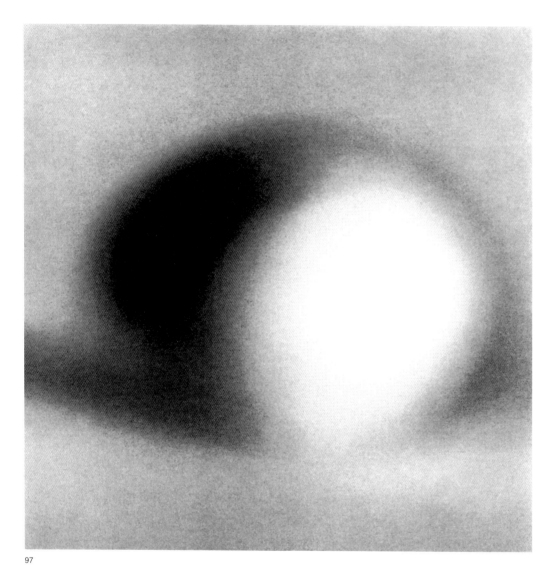

97

97
Der Gegenstand verliert seine Kontur, er rückt in die Ferne durch unscharfe Einstellung des Objektivs.

97
L'objet perd ses contours. Il recule dans le lointain grâce à l'effet de flou obtenu par un réglage approprié.

97
The object loses its outline and retreats into the distance because of the blurred setting of the lens.

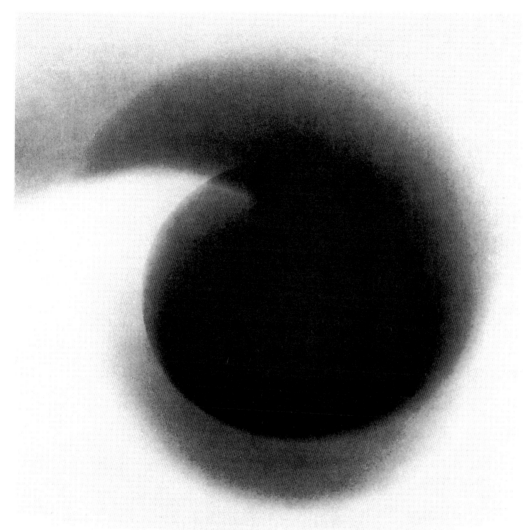

98

98
Vorstufe zu einem Filmplakat.
Die Kugel verliert ihre Kontur,
wenn sie in Bewegung gesetzt wird.
Zweierlei Assoziationen werden
erzielt: Auge, Filmrolle.

98
Projet d'affiche pour le cinéma. La
sphère perd ses contours quand on
la met en mouvement. On cherche
ainsi à matérialiser l'association
d'idées: œil/bobine de film.

98
First stage of a film poster. The
sphere loses its outline when it is
set in motion. Two associations are
elicited: the human eye, a reel of
film.

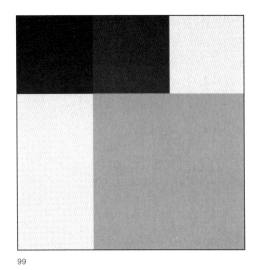

99 100 101 102 103
Punktekompositionen mit unter-
schiedlichen Größen und Grauwerten.
Es verbinden sich damit die
verschiedenartigsten Assoziationen
wie: Einschließen und Ausschließen,
Zusammenstehen, Nebeneinander-
stehen, Ineinandergreifen,
Umsichscharen, Auftürmen, Hin- und
Hergleiten, Einbeziehen des
Hintergrundes, Absetzen vom
Hintergrunde usw.

99 100 101 102 103
Compositions de points de différentes
grosseurs et de gris dégradés. On
peut signifier de cette façon divers
concepts tels que: inclure, exclure,
être ensemble, être à côté de,
s'enchevêtrer, rassembler autour de
soi, amonceler, l'arrière-plan,
se dégager de l'arrière-plan, etc.

99
100

99 100 101 102 103
Compositions with dots of different
sizes and tone values. These give
rise to the most varied associations,
such as inclusion an exclusion,
standing together, standing side by
side, intermeshing, clustering, piling
up, sliding to an from, incorporation
of background, separation of background, etc.

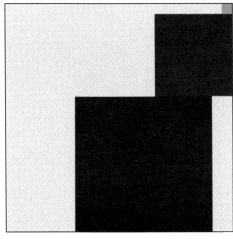

101
102

103

104 105 106 107
Tonwertübungen.
Weißer Würfel auf schwarzem
Grund, schwarzer Würfel auf
weißem Grund, usw.
Der Lichteinfall bewirkt auf den
einzelnen Flächen des Würfels
differenzierte Tonwerte.
108 109
Schwarzer und weißer Würfel
nebeneinander, einmal in schwarzer
und einmal in weißer Umgebung.

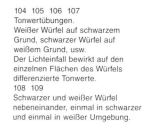

104 105 106 107
Exercices de valeurs de tons.
Le cube blanc sur fond noir,
le cube noir sur fond blanc, etc.
Un fausceau de lumière projeté sur
les différentes faces d'un cube produit des valeurs de tons différentes.
108 109
Un cube noir et un cube blanc côte
à côte, une fois dans une ambiance
noire, une autre fois dans une
ambiance blanche.

104

105

104 105 106 107
Studies in tone values.
The white cube on a black
background, the black cube on a
white background, etc. The incident
light produces differentiated tone
values on the various faces of the
cube.
108 109
A black and a white cube side by
side, once against a black ground
and once against a white ground.

106

107

108

109

Zusammenstellung von unscharf und scharf konturierten Holzwürfeln. Durch die nach hinten zunehmende Unschärfe wird eine starke Raumillusion erzeugt.

Nr. 83–98 und Nr. 104–110 entstanden in Zusammenarbeit mit dem Photokurs.

110
Ensemble de cubes de bois de contours précis et de contours flous. L'imprécision des contours augmentant avec l'éloignement provoque une forte illusion spatiale.

Les numéros 83–98 et 104–110 ont été faits en collaboration avec le cours de photographie.

110
Arrangement of wooden cubes with distinct and indistinct outlines. The increasing indistinctness towards the rear produces a strong illusion of space.

No. 83–98 and No. 104–110 were executed in collaboration with the photography course.

110

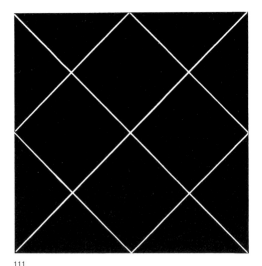

111

112

111
Ausgangsbasis für Nr. 112 und 113
112
Durch Herauslösen einzelner Teile entstehen verschiedene flächige Figuren.
113
Wasserfänger in der Allgemeinen Gewerbeschule Basel. Anstelle einer flächigen Abwicklung erfolgen die entsprechenden Eingriffe im Raum.

111
Base de départ pour les numéros 112 et 113
112
Le retrait de quelques parties provoque l'apparition de différentes figures planes.
113
Récepteur d'eau à la Allgemeine Gewerbeschule de Bâle. On quitte le domaine des deux dimensions pour une transposition dans l'espace.

111
Starting point for No. 112 and No. 113
112
Blanking out some of the parts gives rise to various plane figures.
113
Water collector at the General Trade School in Basle. Instead of a pattern of planes, here the components form corresponding projections into space.

113

114

114

114
Wettbewerb für ein Wirtshausschild
«Zum Kreuz» (Betonguß)

114
Concours pour l'enseigne de l'hotel
«Zum Kreuz» («A la Croix»)
(Blocs de béton)

114
Competition for an inn sign "The
Cross" (Cast concrete)

115
Wettbewerb für ein Wirtshausschild
«Zum schiefen Eck» (Betonguß)

Nr. 114 und 115 entstanden in
Zusammenarbeit mit dem Kurs
«Räumliches Gestalten»

115
Concours pour l'enseigne de l'hôtel
«Zum schiefen Eck» («Au coin
penché») (Blocs de béton)

Les numéros 114 et 115 furent créés
en collaboration avec le cours
«créations en trois dimensions».

115
Competition fo an inn sign "The
Crooked Corner" (Cast concrete)

No. 114 and 115 were executed in
collaboration with the course for
spatial design.

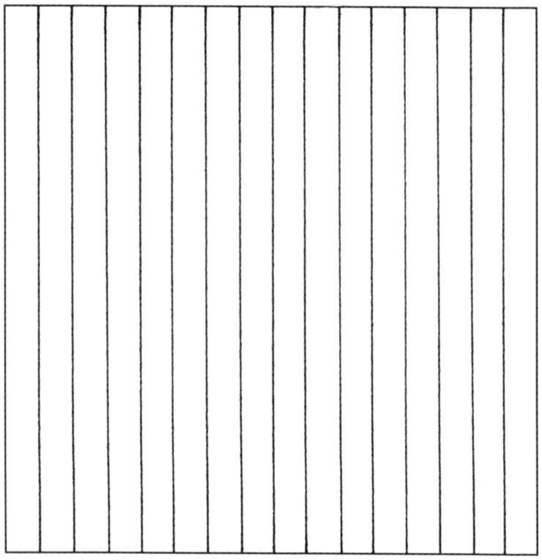

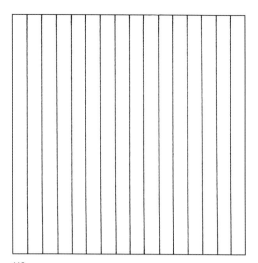

116

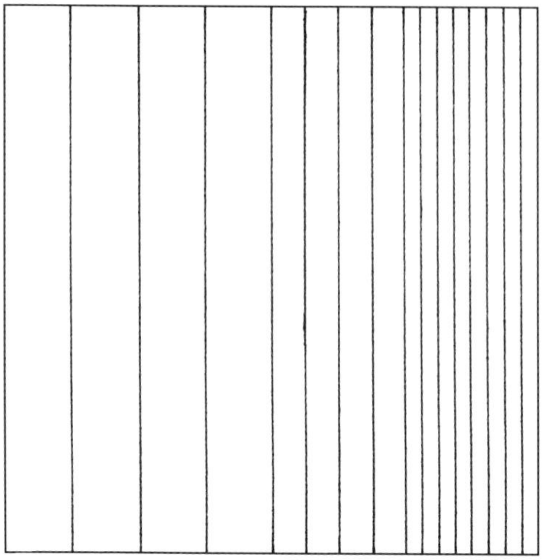

117

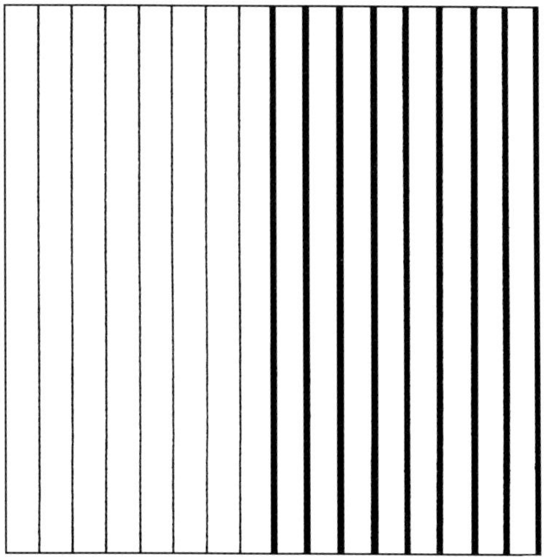

118

116
Gleichmäßige Wiederholung der senkrechten Linie
117
Wiederholung der senkrechten Linie mit dreimaliger Verengung der Abstände
118
Wiederholung von dünnen und von fetten Linien mit gleichbleibenden Abständen

116
Répétition régulière de la ligne verticale
117
Répétition des lignes verticales avec trois resserrements différents des espacements
118
Répétition équidistante de lignes minces et de lignes épaisses

116
Uniform repetition of a vertical line
117
Repetition of a vertical line in which the distance between the lines is reduced three times
118
Repetition of thin and thick lines at regular intervals

119

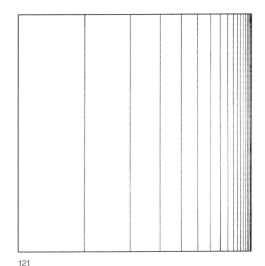

121

120

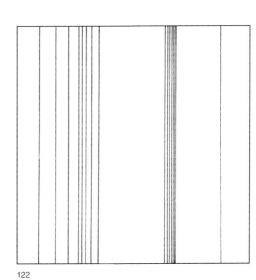

122

119
Progressive Stufung der Distanzen
zwischen gleichbleibenden weißen
Streifen auf schwarzem Hintergrund.
Die weißen Streifen erzeugen die
Aktivität der schwarzen Zwischen-
räume.
Im Gegensatz zu Nr. 120 wird die
gesamte schwarze Grundfläche in
den Rhythmus einbezogen.
120
Die Stufung beginnt nach dem
ersten Drittel der Grundfläche.
Dieses freibleibende schwarze
Drittel bekommt dadurch eine eigene
Qualität.
121
Progressive Verengung der Abstände
zwischen dünnen Linien. Der
weiße Hintergrund greift nicht in
das Geschehen ein.
122
Linienbündel mit ungleich
gestuften Zwischenräumen

119
Graduation progressive des
distances entre bandes blanches
toutes identiques sur fond noir.
Les bandes blanches animent
les intervalles noirs.
Contrairement au numéro 120, le
fond noir tout entier est entraîné
dans le rythme.
120
La graduation ne commence
qu'après le premier tiers du fond
noir, qui prend alors une qualité
particulière.
121
Concentration progressive des lignes
minces. Le fond n'en est pas
modifié.
122
Faisceaux de lignes différemment
rapprochées

119
Progressively widening distances
between regular white strips on a
black background. The white strips
activate the black interspaces.
In contrast to No. 120, the entire
black background is affected by the
rhythm.
120
The gradation begins after the first
third of the background. In this way
the disengaged black third acquires
a quality of its own.
121
Progressively narrowing distances
of lines. The white background
is not affected by the
gradation.
122
Differently graded bundles of
thin lines

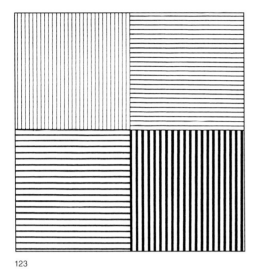

123

123
Tonwert-Übung
124 125 126
Versuche mit Jaßkartenfiguren auf
Grund der vorhergehenden Übungen

123
Exercice de valeurs de tons
124 125 126
Essais avec des figures de jeux de
cartes sur la base des exercices
précédents

123
Study in tone value
124 125 126
Experiments with playing card figures
on the basis of the preceding
exercises

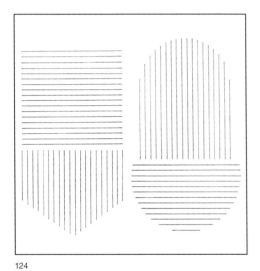

124

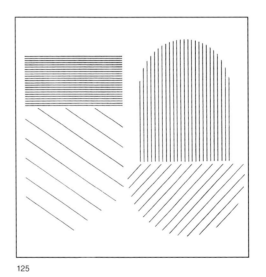

125

126

127

127
Jaßkarten-Figuren. Besonders
eindrücklich ist hier das wechselnde
Spiel um den Vorrang der schwarzen
oder weißen Streifen. Trotz der
großen Bewegung, die das Linien-
spiel verursacht, bleibt es doch vor
allem Tonwertersatz.

127
Figures de cartes à jouer.
Le jeu d'alternance entre la priorité
visuelle accordée aux bandes noires
ou aux bandes blanches est particulièrement impressionnant. Malgré
le grand mouvement que cause le
jeu de lignes, celui-ci reste
cependant avant tout un substitut de
valeurs tonales.

127
Playing card figures. A particularly
impressive feature here is the
interplay between the primacy of
the black or white lines. In spite of
the lively sense of motion which the
play of lines imparts, it remains
primarily a substitute for tone value.

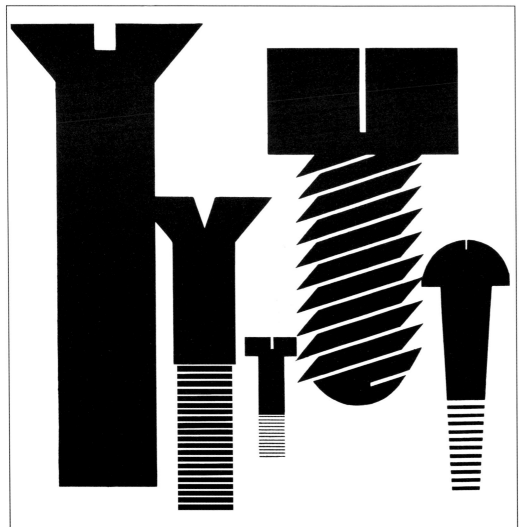

128

128
Ein weiteres Beispiel für abgestufte
Grauwerte, hervorgerufen durch
verschiedene Linienqualitäten
(Linolschnitt)

128
Autre exemple de gris nuancés par
des épaisseurs différentes de lignes
(Gravure sur linoléum)

128
Another example of graded tones of
grey produced by different qualities
of lines (Linocut)

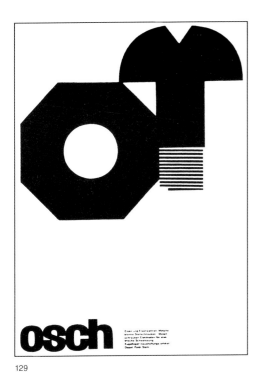

129

schrauben
aller
art
metalle
eisen-
und
stahl-
waren
kugellager
depot:
poldi-
stahl

130

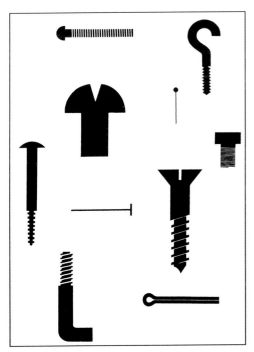

131

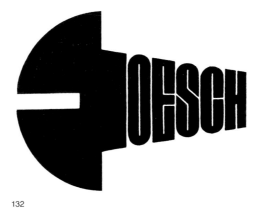

132

129
Inserat für Eisenwarenhandlung.
Die Einfügung des Linienrasters ruft
die Illusion des Gewindes hervor.
Der entstandene Grauwert schafft
eine Verbindung zur Schriftgruppe.
130
Inserat für Eisenwarenhandlung. Die
Linien, die das Gewinde darstellen,
behalten durch ihre weite Anordnung
einen selbständigen Wert.
Kontrastwirkung zur Schriftgruppe.
131
Inserat für Eisenwarenhandlung.
Verschieden gestufte Linienwerte.
132
Signet für Eisenwarenhandlung.
Die Linie übt gleichzeitig zweierlei
Funktionen aus: sie bildet die
Schrift und stellt das Objekt dar.

129
Annonce pour une entreprise de
quincaillerie. Dans la représentation
du boulon le jeu des lignes parallèles
restitue convenablement l'illusion de
la spirale. Les valeurs de gris
obtenues créent un rapport avec
le groupe des lettres.
130
Annonce pour une entreprise de
quincaillerie. Les lignes qui maté-
rialisent la spirale gardent par leur
distancement une valeur
intrinsèque. Effet de contraste avec
l'inscription.
131
Annonce pour une entreprise de
quincaillerie. Effets multiples des
filets diversement synthétisés.
132
Marque pour une maison de quincaillerie. La ligne remplit en même
temps deux fonctions: elle donne
le nom et représente l'objet.

129
Advertisement for hardware manufacturer. The introduction of the
lattice grid evokes the illusion of a
screw-thread. The grey tone thus
produced creates a link with the
group of letters.
130
Advertisement for hardware manufacturer. The lines representing the
screw-thread retain their own value
because of the breadth od the black
intervals. Contrast with group of
letters.
131
Advertisement for hardware manufacturer. Differently graded linear
values.
132
Symbol for hardware manufacturer.
The line performs two kinds of
function at the same time: it forms
the lettering and represents the
object.

133
Vorstufe zu einem Verkehrsplakat.
Die Anwendung der progressiv
gestuften Linie erzeugt den Eindruck
von Bewegung und Geschwindigkeit.
Der gleichmäßig durchgezogene
waagrechte Linienraster des
Hintergrundes ist Träger der
Gesamtbewegung.

133
Maquette d'affiche pour la circulation.
L'utilisation de la ligne progressivement épaissie engendre l'impression
de mouvement et de vitesse. La
trame de l'arrière-plan formée de
lignes horizontales équidistantes, est
le support du mouvement global.

133
First stage of a traffic poster. The
use of a progressively graded line
evokes the impression of movement
and speed. The regular pattern of
horizontal lines provides the background against which the general
movement takes places.

134

134
Eisenbahnplakat. Differenziertere
Anwendung der aus den vorange-
gangenen Übungen gewonnenen
Erkenntnisse. (Strichzeichnung)

134
Affiche pour chemins de fer.
Utilisation plus différenciée des
connaissances acquises dans les
exercices précédents. (Dessin au
trait)

134
Railway poster. What has been learnt
in the preceding exercises has been
applied here in more elaborate forms.
(Line drawing)

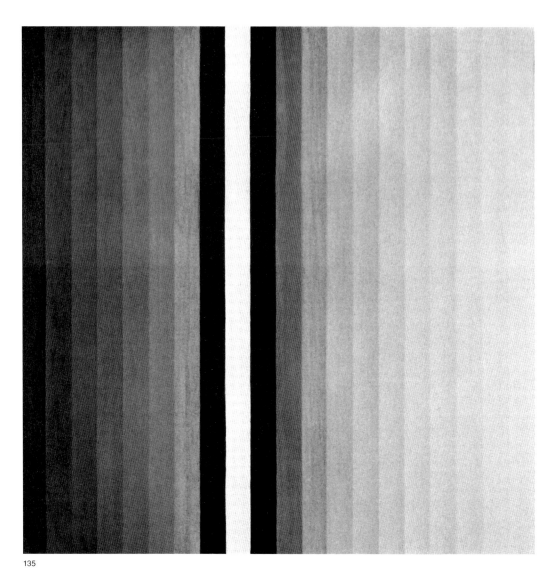

135

135 136 137
Die Illusion von Bewegungsabläufen,
die bis jetzt durch eine Stufung
von Liniendicke und Abständen
geschaffen werden mußte, kann auch
erzeugt werden durch die Verwendung
von verschiedenen Tonwerten.

135 136 137
L'illusion du mouvement qui jusqu'ici
devait être créée par la variation
de l'épaisseur des lignes et leur
distancement peut aussi être obtenue
par l'emploi de différentes valeurs
de tons.

135 136 137
The illusion of movement previously
evoked by a gradation of line
thicknesses and interspaces can
also be produced by using different
tone values.

136

137

138

Kommt zur Tonwertstufung noch eine
differenzierte Aufgliederung der
Fläche hinzu, analog den Vorgängen
bei Nr. 119, 120, 122, so steigern sich
die Ausdrucksmöglichkeiten um ein
Vielfaches.

138
A la variation dans les tons s'ajoute
le compartimentage de la surface en
parties inégales, comme nous
l'avons vu aux numéros 119, 120, 122.
On multiplie ainsi les possibilités
d'expression.

138
If, in addition to graded tone values,
the background is also sectioned
on similar lines to No. 119, 120, 122,
then a greatly extended range of
possible means of expression is
obtained.

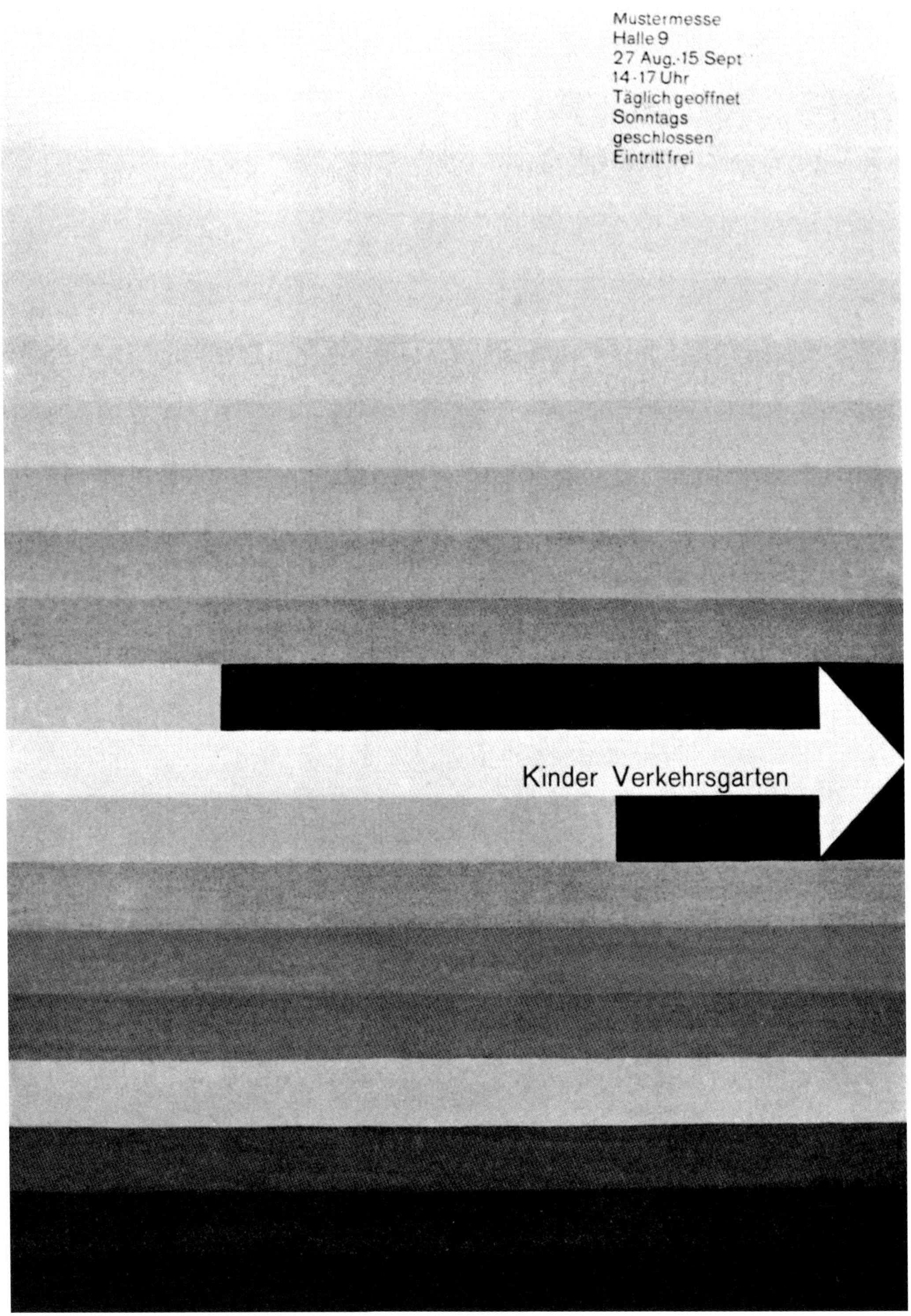

Mustermesse
Halle 9
27 Aug.-15 Sept
14-17 Uhr
Täglich geoffnet
Sonntags
geschlossen
Eintritt frei

Kinder Verkehrsgarten

139
Kinderverkehrsgarten-Plakat.
Eindringen eines Pfeiles in die
Tonwertstufung.

139
Affiche destinée à un circuit de
circulation pour enfants. Insertion
d'une flèche dans les valeurs de
tons.

139
Poster for a children's traffic school.
An arrow penetrates into the scale
of tone values.

140
Inserat für Glühlampenfabrik.
Einströmen von senkrechten Weiß-
werten in die horizontal liegenden
dunklen Flächen.

140
Annonce pour une fabrique d'ampoules électriques. Intrusion de valeurs
verticales blanches dans les surfaces
horizontales sombres.

140
Advertisement for an electric light
bulb manufacturer. Vertical white
values stream into the horizonal
dark areas.

140

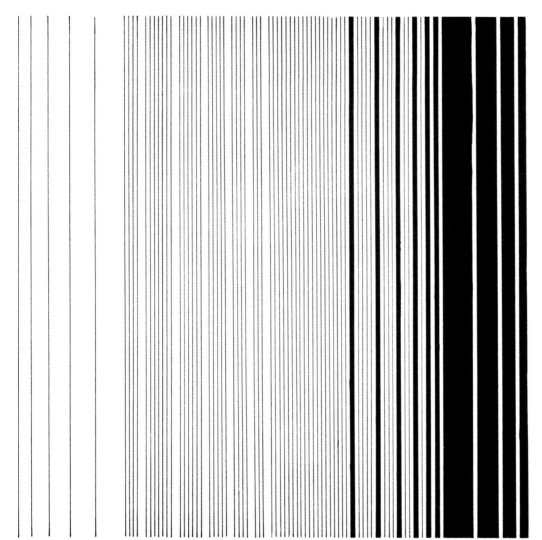

141
Bei richtiger Setzung der Linie
können feinste Grauqualitäten,
die sich dem geschlossenen Tonwert
annähern, erzeugt werden.

141
En plaçant judicieusement la ligne
on peut créér les plus subtiles
valeurs de gris du blanc au noir.

141
A suitable arrangement of lines can
produce the finest shades of grey
which are very close to a solid grey
tone.

142

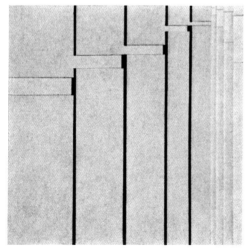

143

142
Relief mit dem Buchstaben i.
Durch Lichteinfall von links ergeben
sich verschieden getönte Linien.
143
Gleiches Objekt bei Lichteinfall
von rechts

142
Relief obtenu avec la lettre i.
Un faisceau de lumière venant de
la gauche engendre des lignes
différemment ombrées.
143
Même objet, la lumière venant de
droite

142
Relief with the letter i. Incident
light from the left gives rise to lines
with various tone values.
143
The same object with light falling
from the right

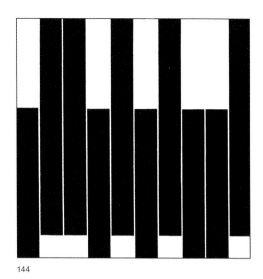

144

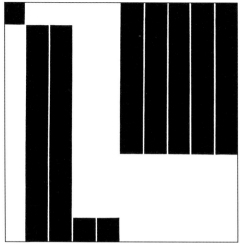

145

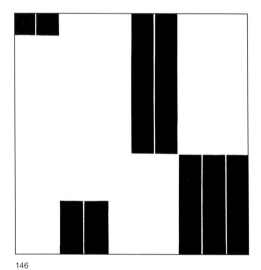

146

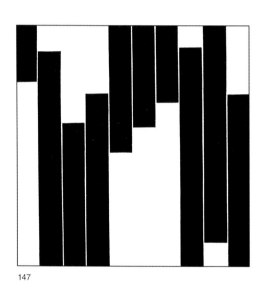

147

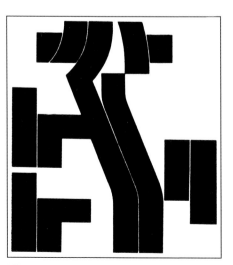

148

144 145 146 147
Aus dem senkrechten schwarzen
Balkenraster werden einzelne Teile
weggenommen. Dadurch entstehen
gleichwertige schwarze und weiße
Figuren. Themen: in der Mitte
gehalten; große Gegensätze;
verschiedene Gruppen; auf und ab.
148
Signet: Geigenkopf (siehe auch
Nr. 301)

144 145 146 147
Différentes parties sont retirées des
bandes verticales noires qui forment
le trame. Il en résulte des figures
noires et des figures blanches qui
sont également signifiantes. On peut
ainsi exprimer les grands contrastes,
les différents groupes, le mouvement
de va-et-vient (haut-bas), le fait
d'être tenu par le milieu, etc.
148
Symbole: crosse de violon
(voir le numéro 301)

144 145 146 147
Certain parts are blanked out from
the lattice grid of bars. This gives
rise to both black and white figures
of equal quality. Themes: steady in
the middle; marked contrasts;
various groups; up and down.
148
Symbol: head of violin
(see No. 301)

118

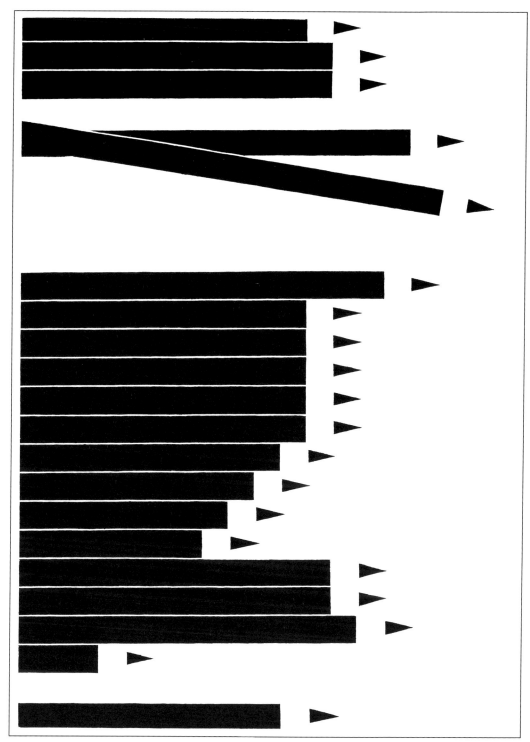

149
Entwurf zu einem Plakat für
eine Bleistiftfabrik

149
Projet d'affiche pour une fabrique
de crayons

149
Design for a poster for a pencil
factory

149

150

150–153: Weiterführung
der Übungen Nr. 144–147. Auflösung
der Außenform des Balkens und
Differenzierung seiner Dicke.

150
Entwurf zu einem Leichtathletik-
Plakat
151 152
Übungen mit Werkzeugen

150–153: Suite des exercices
numéros 144–147. La forme extérieure
des bandes, dont l'épaisseur varie,
est moins précise.

150
Projet d'affiche pour l'athlétisme
151 152
Exercices sur le thème des outils

150–153: Continuation of exercises
No. 144–147. Variations in the external
shape and thickness of the bar.

150
Design for a poster for athletics
151 152
Studies with tools

151

152

**Fachklasse
für Graphik**

Basel Gewerbemuseum
Ausstellung 31. August - 6. Oktober
täglich geöffnet
10 - 12 und 14 - 18 Uhr
Mittwoch auch 20 - 22 Uhr
abendliche Führungen
Eintritt frei

153
Plakat für Grafikausstellung

153
Affiche pour une exposition
graphique

153
Poster for an exhibition of graphic
design

153

154

154
Entwurf zu Eisenbahnplakat. Starke Differenzierung der waagrechten Linie in der Dicke und Länge erzeugt den Eindruck äußerster Beschleunigung.

154
Projet d'affiche pour les chemins de fer. La forte opposition – en longueur et épaisseur – des lignes verticales donne l'impression d'une extrême vitesse.

154
Design for a railway poster. Marked differences in the thickness and length of the vertical lines evoke an impression of extreme acceleration.

155

155
Kinderverkehrsgarten-Plakat.
Gegenüberstellung von fließendem
Verkehr und ruhigem Überqueren
der Fahrbahn auf dem Fußgänger-
streifen. (Photo/Zeichnung)

155
Affiche destinée à un circuit de
circulation pour enfants.
Opposition entre le trafic continu
et la traversée tranquille de la
chaussée sur les passages réservés
aux piétons. (Photo et dessin)

155
Poster for children's traffic school.
The rush of traffic is contrasted with
the quietness of the pedestrian
crosswalk. (Photo and drawing)

156

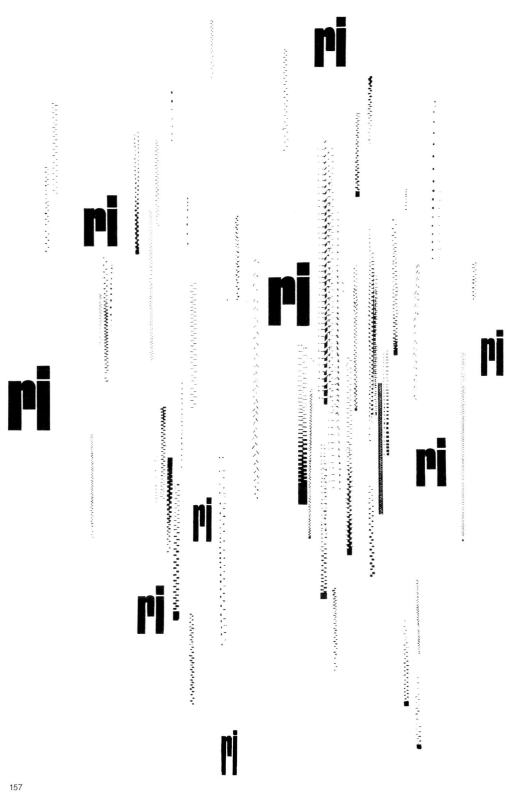

156
Umsetzungsübung nach der Natur:
Birkenstämme. Die Senkrechte bleibt
trotz der starken Aufgliederung
der Waagrechten bestehen.
(Federzeichnung)
157
Plakat für Reißverschlüsse
(Auf Folie gezeichnet)

156
Exercice de transposition d'après
nature: les troncs de bouleaux.
La verticalité subsiste malgré
l'extrême fragmentation des horizontales. (Dessin à plume)
157
Affiche pour fermeture-éclair
(Dessin sur film)

156
Transposition exercise from nature:
birch-tree trunks. The verticals
remain in spite of the marked way
in which the horizontals are broken
up. (Pen drawing)
157
Poster for zippers (Drawn on film)

157

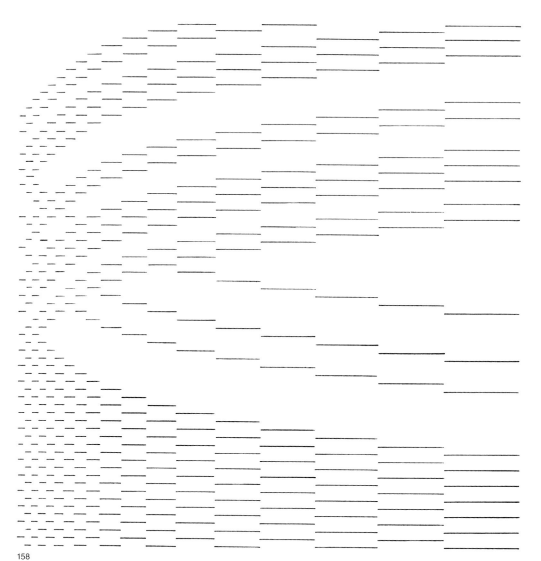

158

158 159 160
Rasterübungen mit der waagrechten
Linie. Thema: Beschleunigung

158 159 160
Exercices de trame avec la ligne
verticale. Thème: l'accélération.

158 159 160
Grid studies with the horizontal line.
Subject: acceleration.

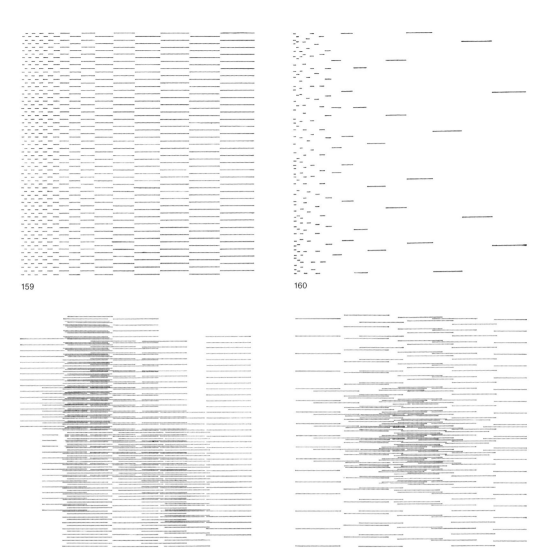

159

160

161 162 163
Rasterübungen mit der waagrechten
Linie. Durch das Übereinander-
schieben der Linien und die dadurch
erzielte Grauwertabstufung
verstärkt sich der Eindruck der
Beschleunigung. Gleichzeitig ergibt
sich eine räumliche Tiefenwirkung.

161 162 163
Exercices de trame avec la ligne
verticale. Par la superposition des
lignes et la gamme de gris qui en
résulte on renforce l'impression
d'accélération. Il se produit en
même temps un effet d'approfondissement de l'espace.

161 162 163
Grid studies with the horizontal line.
The overlapping of the lines and
the graded values of grey thus
obtained reinforce the impression of
acceleration. At the same time an
illusion of depth is created.

161

162

127

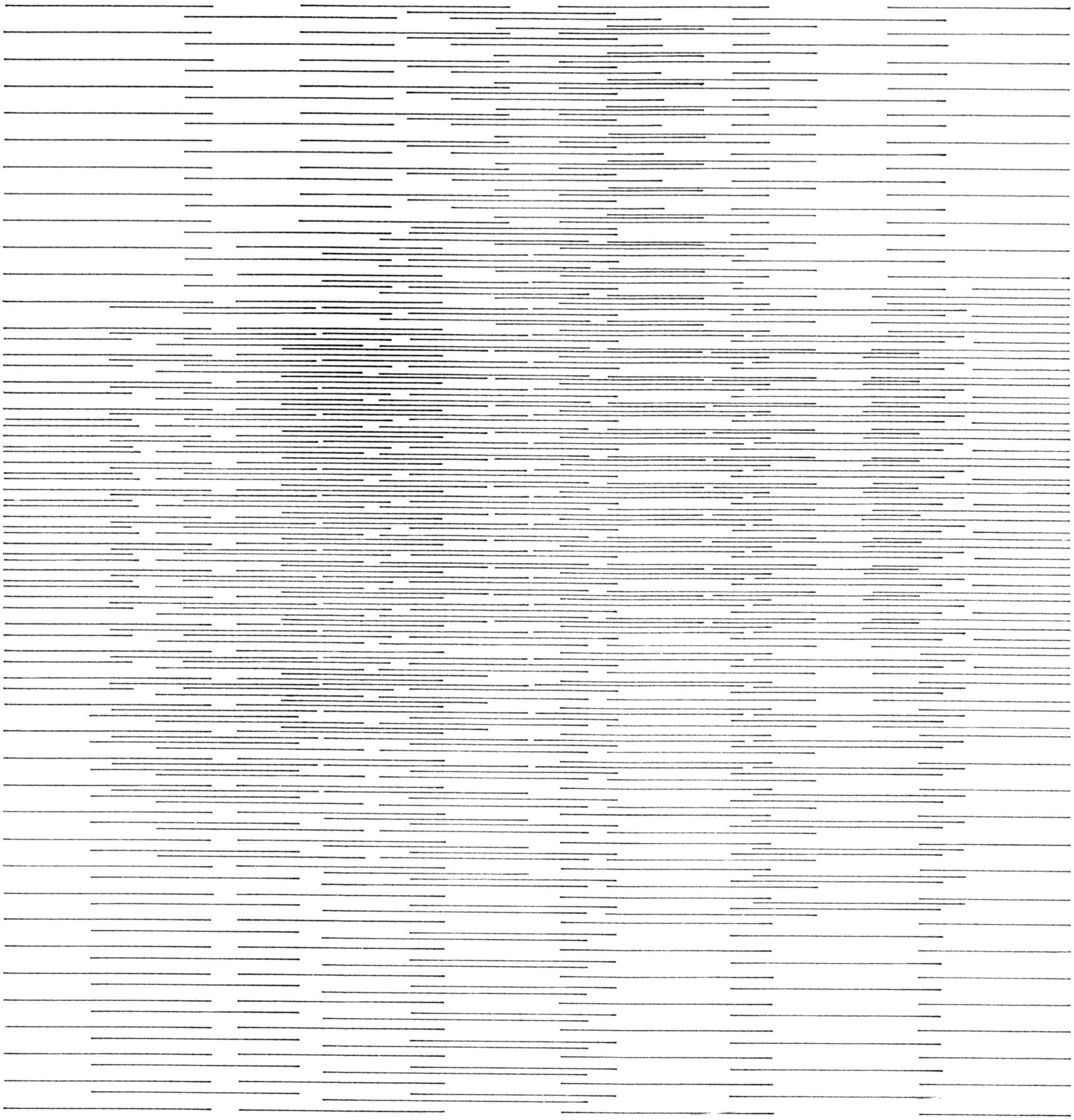

163

**Mustermesse Halle 6 Geöffnet 1.-20. Juni
14-17.30 Uhr, sonntags geschlossen, Eintritt frei**

Kinderverkehrsgarten

164
Plakat für Kinderverkehrsgarten
(Auf Folie gezeichnet)

164
Affiche destinée à un circuit de
circulation pour enfants
(Dessin sur film)

164
Poster for children's traffic school
(Drawn on film)

164

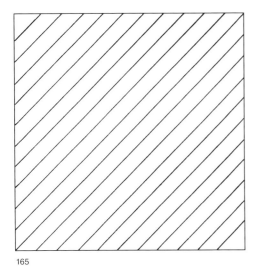

165

166

165
Durch die eindeutige Schrägstellung
der Linie erhält diese dynamische
Qualitäten.
166 167
Der Eindruck des Dynamischen
verstärkt sich noch, wenn die Linien
ungleich lang oder mit ungleichen
Abständen gesetzt werden.

165
Une disposition nettement oblique
des lignes leur confère du dynamisme.
166 167
L'impression de dynamisme croît
encore quand les lignes sont irré-
gulièrement longues ou placées à des
distances inégales.

165
The pronounced slant of the line
gives it dynamic qualities.
166 167
The impression of dynamic force is
still further enhanced when the lines
are of unequal length of placed
with unequal distances between them.

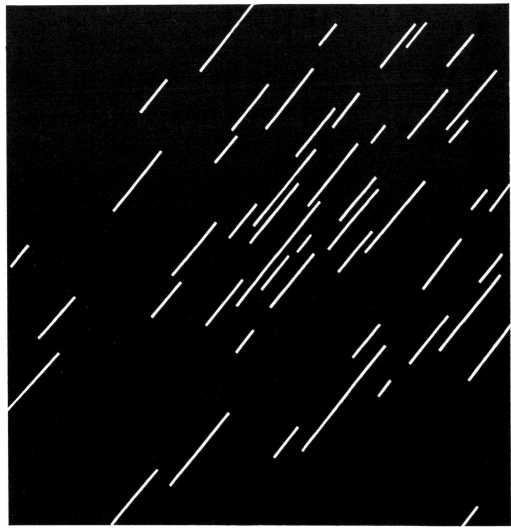

167

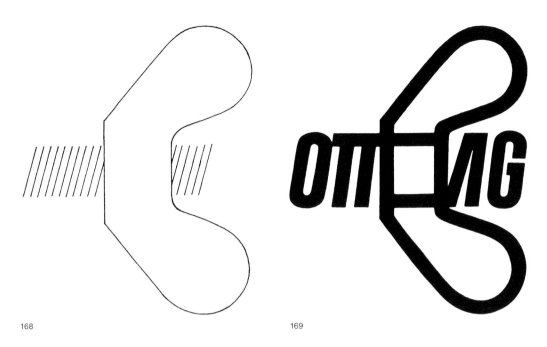

168

169

168 169
Die Schrägstellung einer gleich-
mäßigen Linienfolge erzeugt Dreh-
vorstellungen. Bei Nr. 169 wird das
schon bei Nr. 132 angewandte
Prinzip der Doppelfunktion der
Linie noch verstärkt.
170
Übung mit schräg gestellten
Buchstaben

168 169
Dans une suite de lignes l'inclinaison évoque un mouvement tournant.
Au numéro 169, le principe de la
double fonction de la ligne déjà
utilisé au numéro 132 est encore
renforcé.
170
Exercice utilisant des lettres
disposées à l'oblique.

168 169
The slant of a regular sequence
of lines evokes turning sensations.
In No. 169 the principle of the double
function already employed in No. 132
is taken a step further.
170
Study with slanting letters

170

171
Verstärkung des dynamischen
Geschehens

171
Accentuation du processus
dynamique

171
Intensification of the dynamic action

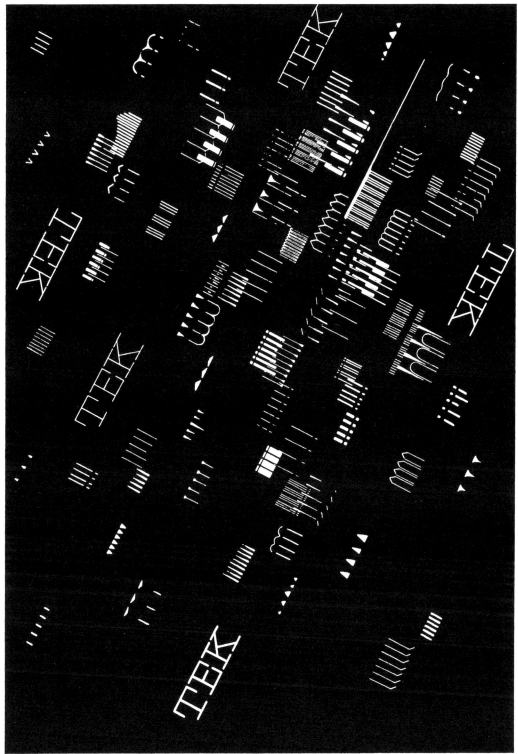

172
Plakat für Zahnbürsten (Auf Folie gezeichnet)

172
Affiche pour les brosses à dents (Dessiné sur film)

172
Poster for tooth-brushes (Drawn on film)

172

173

173
Spontan hingesetzte Pinselbewegung

173
Mouvement du pinceau spontanément
appliqué

173
Spontaneous brush-strokes

174

174
Abwandlung von Nr. 153. Die
Schrägstellung der Gegenstände
bewirkt eine Aktivierung.

174
Modification du numéro 153.
L'inclinaison des objets les rend
plus actifs.

174
Variation of No. 153. The inclined
position of the objects gives added
life to the composition.

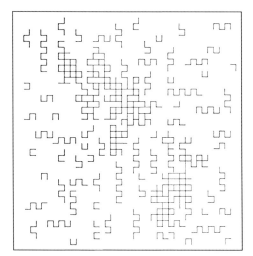

175

175 176 177 178 179 180
181 182
Bis jetzt bildete die selbständige
Linie das Ausgangsthema. Nun tritt
als neues Moment das Aneinander-
stoßen von senkrechter, waagrechter
und schräger Linie hinzu (Winkel).
Bei diesen Rasterübungen ergeben
sich beinahe von selbst die
eigenartigsten Gebilde.

175 176 177 178 179 180
181 182
La ligne indépendante fournissait
jusqu'ici le point de départ du
thème. Maintenant commence une
nouvelle phase: la rencontre des
lignes verticales, horizontales et
obliques (angles). Dans ces exercices de trame les constructions les
plus originales se font parfois
spontanément.

175 176 177 178 179 180
181 182
Previously the studies have been
based initially on the autonomous
line. Now a new feature is introduced as vertical, horizontal and
oblique lines are made to meet
(angle). In these grid studies the
most original structures are created
almost spontaneously.

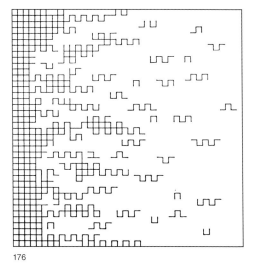

176

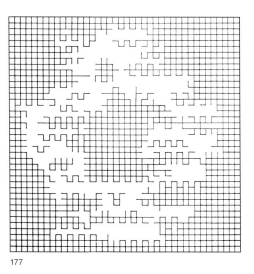

177

178

179

180

181

182

183

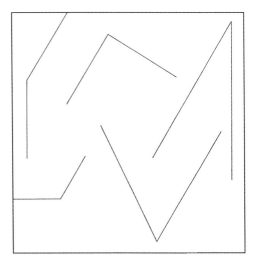

184

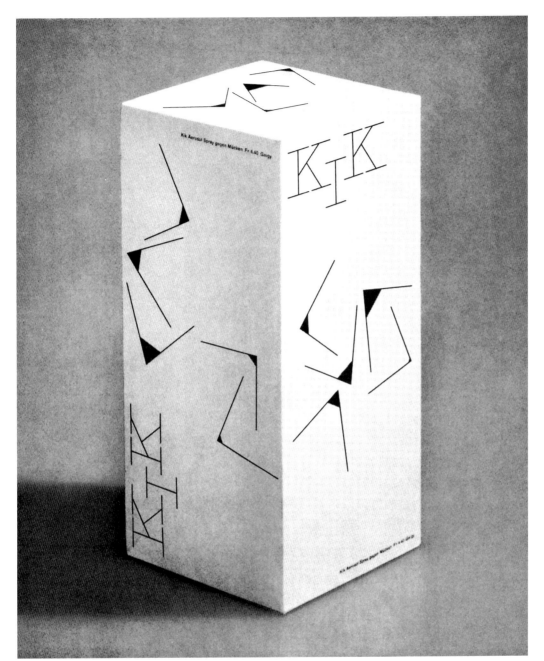

185
Packung für Insektenvertilgungsmittel.
Vom Blickpunkt des Betrachters aus
verändern sich die objektiven Maße
der verschiedensten Winkel auf den
Seitenflächen des Kubus. Im
gegebenen Fall wird dadurch die
Illusion von herumschwirrenden
Insekten verstärkt.

185
Emballage pour un insecticide.
L'appréciation par l'observateur de
la valeur des différents angles varie
selon les faces latérales du cube
sur lesquelles ils figurent.
Il en résulte une impression de four-
millement d'insectes.

185
Box for insecticide. The actual
sizes of the various angles on the
lateral faces of the cube alter
depending on the viewpoint of the
onlooker. In this particular instance
the illusion of swarming insects is
intensified.

winter
hilfe
1960

186
Plakat für Winterhilfe. Die unter-
schiedliche Dicke der Winkelschenkel
bewirkt den Eindruck des Klirrenden,
Glitzernden, Stechenden.

186
Affiche pour de secours d'hiver. Les
différentes épaisseurs des côtés
des angles apparaissant en réserve
sur le fond noir produisent l'impression de cliquetis, de scintillement,
de piquant.

186
Poster for "Winter Aid". The varying
thicknesses of the legs of the angles
create an impression of jingle,
glitter and tingle.

187

187
Wettbewerb für Wirtshausschild
«Zur Sonne». Die verschiedenen, in
einem Zentrum zusammenstoßenden
Winkel erzeugen die Vorstellung
von Strahlen. Verstärkung des
Eindrucks durch Licht- und
Schattenspiel. (Holzrelief)

187
Concours pour l'enseigne de
l'auberge «Zur Sonne» («Au
Soleil»). Les différentes angles de
même sommet évoquent les rayons
de soleil. Cette impression
est renforcée par le jeu d'ombre et
de lumière. (Relief sur bois)

187
Competition for an inn sign "The
Sun". The various angles meeting
at the center evoke the idea of rays.
The impression is intensified by the
play of light and shade.
(Wood relief)

188

188
Entwurf für ein Musikplakat.
Die verschiedenen Winkelgruppen
durchdringen sich gegenseitig.
Assoziation mit Notenblatt und
Klängen.
189
Übung mit Gruppenbewegungen.
Winkel, Zentren, Drehmomente,
Strahlungskräfte liegen der
Komposition zugrunde. (Auf Folie
gezeichnet)

188
Projet d'affiche musicale. Les
groupes d'angles les plus divers
s'interpénètrent, évoquant des
portées et des notes de musique.
189
Exercice de mouvements de groupes.
A la base de la composition se
trouvent des angles, des centres, des
mouvements de rotation, des forces
de rayonnement. (Dessin sur film)

188
Draft for a music poster. The various
groups of angles interpenetrate.
Associations with musical scores and
sounds.
189
Study with group movements.
Angles, centers, turning motions,
radiating powers form the basis of
the exercice. (Drawn on film)

189

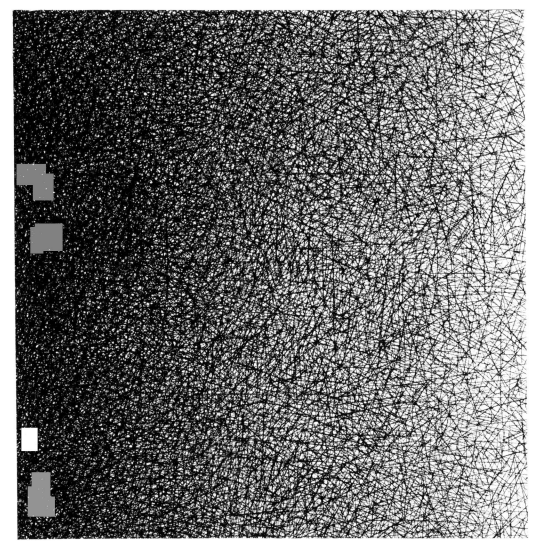

190

190 191
Strukturübungen. Die Linien
verdichten sich zum Netz. Die
Richtung der einzelnen Linie
verliert sich.
192
Übung mit gestreuten Nähnadeln

190 191
Exercices de structures. Les lignes
s'enchevêtrent pour former une sorte
de filet. Il est impossible de suivre
la direction des lignes prises
individuellement.
192
Exercice fait avec des aiguilles
dispersées

190 191
Texture studies. The lines are
condensed into a network. The
direction of the individual line
is lost.
192
Study with scattered needles

191

144

192

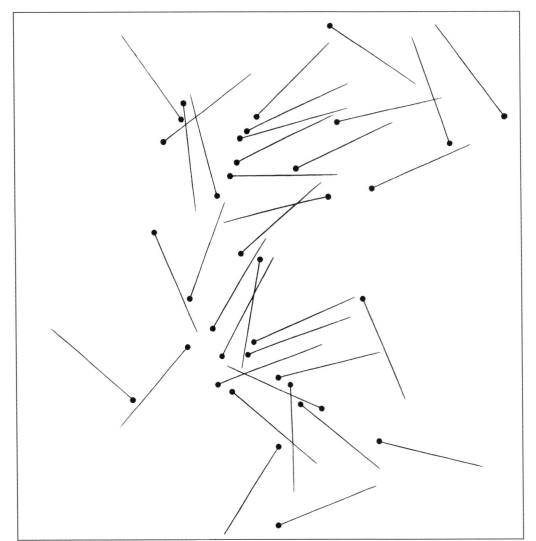

193

193
Übung mit gestreuten Stecknadeln
194
Übung mit gestreuten Büroklammern

193
Exercice fait avec des épingles
dispersées
194
Exercice fait avec des attaches de
bureau dispersées

193
Study with scattered pins
194
Study with scattered paper clips

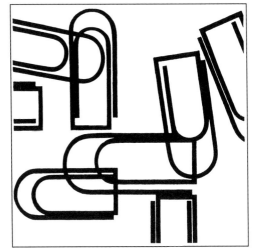

194

195

195
Packung für Fliegenvertilgungsmittel.
Streuungsübung auf Körper.
196
Inserat für Mückenvertilgungsmittel

195
Emballage pour un insecticide
contre les mouches. Exercice de
dispersion sur deux faces de la
boîte.
196
Annonce pour un insecticide
contre les moustiques

195
Box for fly-killer.
Scattering exercise on an solid.
196
Advertisement for mosquito-killer

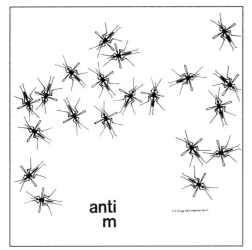

196

197

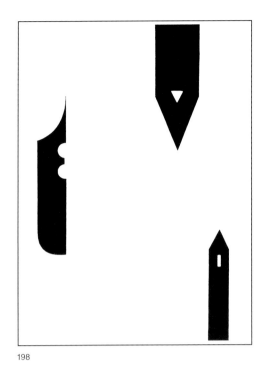

198

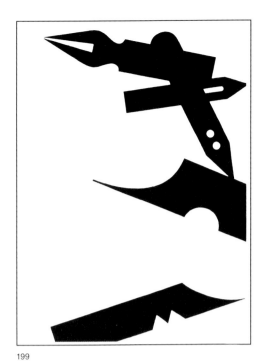

199

200

197 198 199 200
Gruppierungsübungen mit Federn.
Themen: Einfache Gegenüberstellung
(198); lose Streuung (199);
Verdichtung (197); Massierung (200).

197 198 199 200
Exercices groupant des plumes.
Thèmes: simple juxtaposition (198);
dispersion libre (199); rassemble-
ment (197); concentration (200).

197 198 199 200
Grouping exercises with pen-nibs.
Themes: simple contrasted arrangement (198); loose scattering (199);
densification (197); compaction (200).

201

201
Entwurf einer Packung für
Ameisenvertilgungsmittel.
Abwicklung.
202
Zweiseitige Ansicht der Packung.

201
Projet pour un produit
d'insecticide contre les fourmis.
Développement des quatre faces de
l'emballage.
202
Vue simultanée de deux faces de
l'emballage

201
Design for an ant-killer box.
Wrapper unfolded flat.
202
View showing two sides of the box

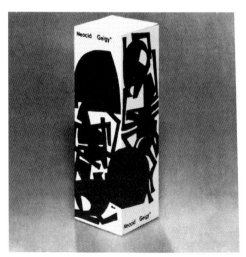

202

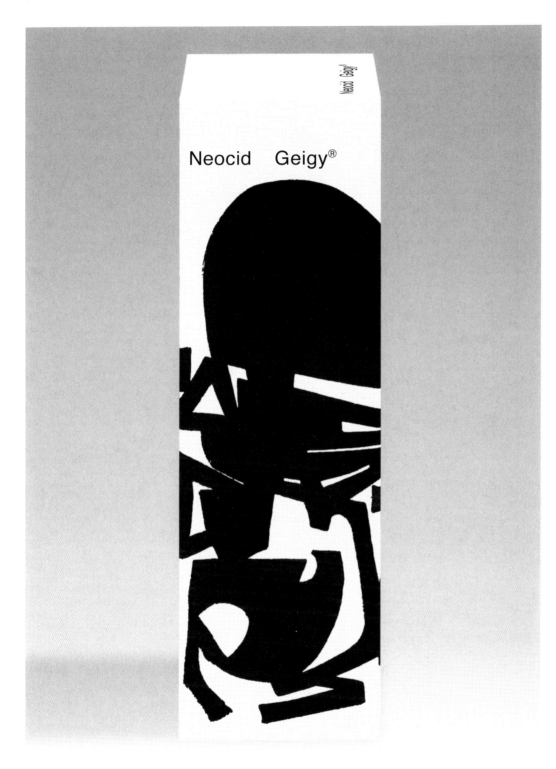

Neocid   Geigy®

203
Seitenfläche der Packung. Bei den
bisherigen Verdichtungsübungen
bildete die gerade Linie die
Ausgangsbasis. Schon bei Nr. 197–200
und ausgeprägter noch bei dieser
Ameisenverpackung kommt die
geschwungene Linie hinzu.

203
Face latérale de l'emballage. Dans
les exercices de groupement faits
jusqu'ici, la ligne droite constituait
le point de départ. Déjà aux
numéro 197–200 et plus clairement
encore dans cet emballage pour un
insecticide contre les fourmis
s'ajoute la courbe.

203
Side of the box. In the previous
studies in desinfication the straight
line formed the basis. Already in
No. 197–200, and more pronouncedly
still in this ant-killer box, the curved
line has been added.

207

207
Spontane heftige Bewegung mit der
Kreide (Lithographie)
208
Langsame Abwicklung einer
bewegten Linie mit dünner Feder

207
Mouvement vigoureux et spontané
avec de la craie (Lithographie)
208
Lent déroulement d'une ligne ondulée
fait à la plume fine

207
Vigorous spontaneous movements
with crayon (Lithograph)
208
Slow development of a winding line
with a fine pen

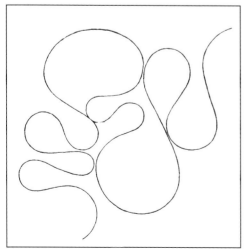

208

209
Inserat für Elektrizitätswerk

209
Annonce pour une fabrique de
matériel électrique

209
Advertisement for an electrical
power company

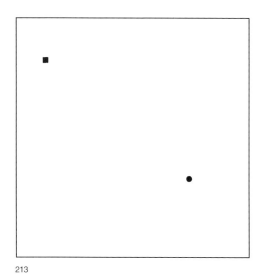

213

214

Nr. 213–218: Konfrontationsübungen

213
Die beiden Elemente – runder/
quadratischer Punkt – treten zufolge
ihrer Kleinheit und Isoliertheit nicht
als Gegensatzpaar auf.
214
Klärung der Gegenüberstellung
215
Die beiden Elemente verschmelzen
sich von oben und unten her.
216
Der Quadratpunkt weitet sich
bis zu der äußersten Grenze aus.
Der runde Punkt schmilzt in der
Mitte zusammen.
217
Die beiden Elemente verschmelzen
sich von allen vier Seiten her.
218
Die beiden Elemente legen sich
übereinander. Es entstehen
Restformen.

213–218: Exercices de composition

213
Les deux éléments: point rond/point
carré, par suite de leur petitesse et
de leur isolement ne créent pas
de contraste.
214
La confrontation devient possible.
215
Les deux éléments se soudent par
le haut et par le bas.
216
Le point carré prend ses dimensions
extrêmes, tandis que le point rond,
au centre, se contracte.
217
Les deux éléments se fondent par
les quatre côtés.
218
Les deux éléments se superposent.
Il en résulte des formes résiduelles.

213–218: Confrontation studies.

213
Because of their smallness and
isolated position the two elements
– round–square dot – do not appear
as a contrasting pair.
214
The confrontation is made clear.
215
The two elements merge from below
and above.
216
The square dot expands to its utmost
limit. The round dot dwindles
towards its center.
217
The two elements merge into each
other form all four sides.
218
The two elements overlap.
Residual forms appear.

215

216

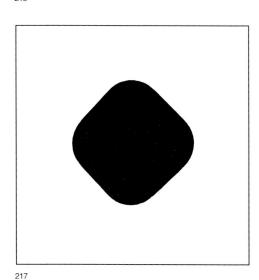

217

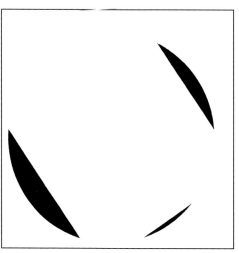

218

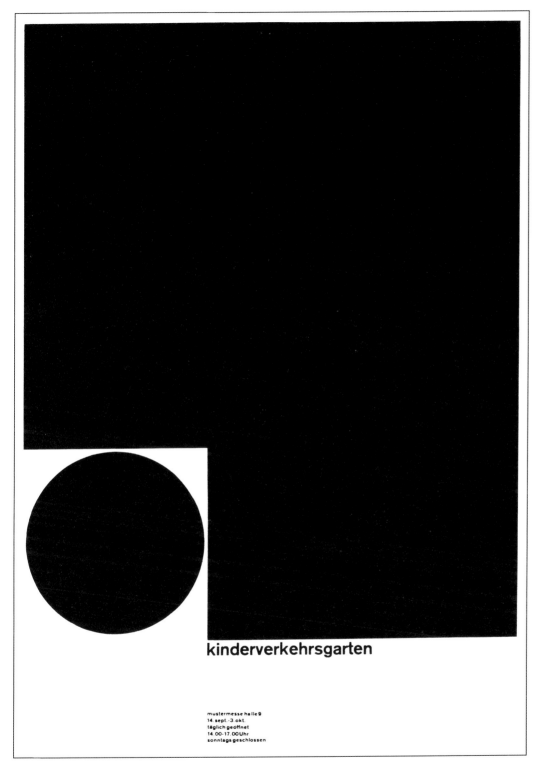

kinderverkehrsgarten

mustermesse halle 9
14. sept.-3. okt.
täglich geöffnet
14.00-17.00 Uhr
sonntags geschlossen

219
Plakat für Kinderverkehrsgarten
(Verbindung Linolschnitt/
Typographie)

219
Affiche destinée à un circuit de
circulation pour enfants
(Gravure sur linoléum/typographie)

219
Poster for children's traffic school
(Combination linocut and
typography)

219

220
Aus der Verbindung von
verschiedenen Grundelementen und
Elementsegmenten entstehen
Gegenstände, die sich in einer
Komposition gegenüberstehen.

220
Les objets rassemblés dans cette
composition proviennent de l'association d'éléments fondamentaux et
de fractions de ces éléments.

220
The combination of various basic
elements and segments of elements
produces objects which confront
one another in the composition.

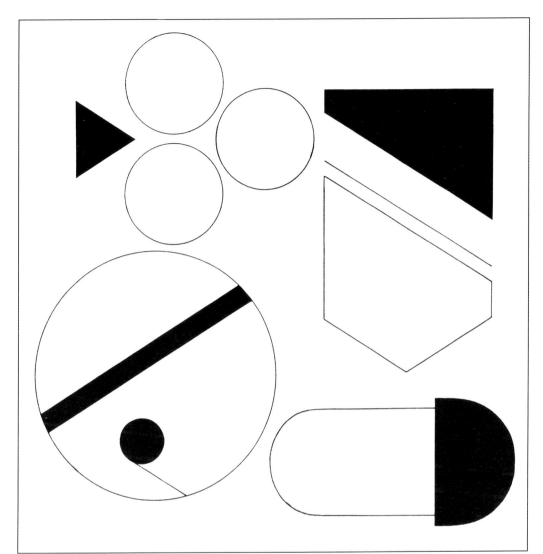

221

221 222
Übungen mit Jaßkartenfiguren.
Es treten sich gegenüber gerade und
runde Linie, bei Nr. 221 zusätzlich
hell/dunkel.

221 222
Exercices avec des figures de cartes
à jouer. Opposition entre lignes
droites et courbes. Au numéro 221
s'ajoute l'opposition clair/foncé.

221 222
Exercises with playing card figures.
Straight and curved lines confront
one another with the addition of
light and dark in No. 221.

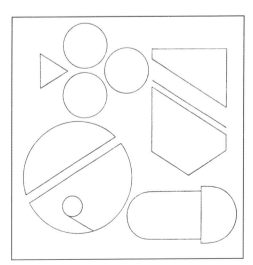

222

163

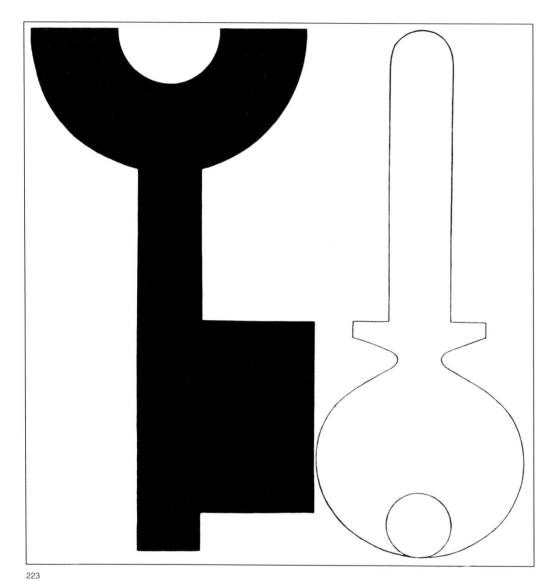

223

223 224 225 226 227 228
Konfrontationsübungen mit
Schlüsseln

223 224 225 226 227 228
Exercices de confrontation sur le
thème des clés

223 224 225 226 227 228
Confrontation studies with keys

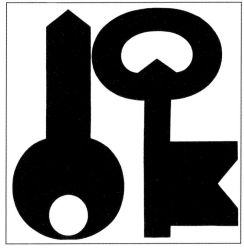

224

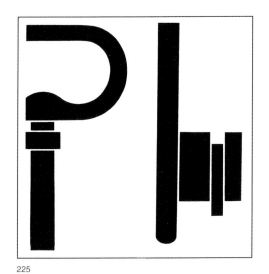

225

226

227

228

229

229 230 231
Konfrontations-Übung. Es treten
sich gegenüber Punkt und Linie,
verschiedene Gegenstände, bei
Nr. 230 und 231 noch zusätzlich das
Element Schrift.
232
Konfrontations-Übung: waagrecht/
senkrecht, Punkt/Linie, schwarz/weiß.

229 230 231
Exercices de confrontation.
Opposition de point/ligne et
différents objets. Aux numéros 230,
231, l'écriture vient s'ajouter.
232
Exercice de confrontation:
horizontale/verticale, point/ligne,
noir/blanc.

229 230 231
Confrontation studies. Dot and line
and various objects are juxtaposed
in contrast; in No. 230 and 231 there
is also the element of lettering.
232
Confrontation study: horizontal–
vertical, dot–line, black–white.

230

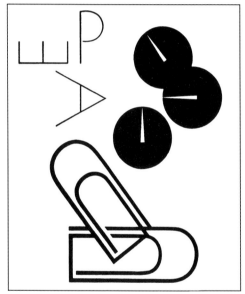

231

232

233

233 234 235 236 237
Entwürfe für eine Stempel-
Wettbewerb. Auseinandersetzung
Gegenstand/Schrift.

233 234 235 236 237
Projet pour un concours de cachets
postaux. Objet/inscription sont
confrontés.

233 234 235 236 237
Designs for a stamp competition.
Interplay between object and
lettering.

234

235

236

237

238

238
Entwurf zu einem Warenhausplakat.
Die bildqualitativ verschiedenartigen
Gegenstände sind zusammen mit
der Schrift in eine Einheit gebracht.
(Linolschnitt)

238
Projet pour une affiche de grand
magasin. Les objets les plus
différents quant à leur valeur
plastique forment un tout avec
l'inscription. (Gravure sur linoléum)

238
Poster design for a department store.
Objects with different pictorial
qualities form a unified pattern
together with the lettering.
(Linocut)

239 240
Übungen mit Werkzeugen. Es treten
sich gegenüber gerade und runde
Linie, geschwungen und gezackte
Linie, bei Nr. 239 zusätzlich die
Tonwerte.

239 240
Exercices avec des instruments.
Opposition entre droite et courbe,
ligne ondulée et ligne brisée.
Au numéro 239 s'ajoutent les valeurs
de tons.

239 240
Studies with tools. There is a confrontation of straight and circular
lines, curved and zigzag lines, and
in No. 239, tone values as well.

239

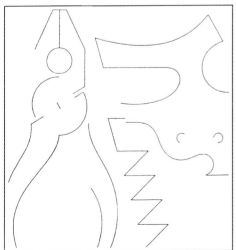

240

241
Plakat für Jeunesse Musicale. Es
stehen sich gegenüber Punkt/Linie,
schwarz/weiß, eng/weit, Punkte-
wiederholung/Linienwiederholung,
zwei Schrägen.

241
Affiche pour les Jeunesses musicales. Opposition point/ligne,
noir/blanc, étroit/large, répétiton
de points/répétition de lignes,
2 obliques.

241
Poster for Jeunesse Musicale. Here
dot–line, black–white, narrow–wide,
repetition of dot–repetition of line,
and two oblique lines confront one
another in the general pattern.

241

242

242
Mehrere sich gegenüberstehende
Elemente werden in einem raschen
Arbeitsvorgang zusammengebunden.
243
Signet für Hotel Krone
244
Signet für Musikinstitut

242
Plusieurs éléments contrastant par
leur forme sont tracés et rassemblés
d'une manière très enlevée.
243
Marque pour l'hôtel «Krone» («A la
couronne»)
244
Symbole pour un institut de musique

242
Several contrasting elements are
linked together in a rapidly executed
process.
243
Symbol for the «Crown Hotel»
244
Symbol for the Music Institute

243

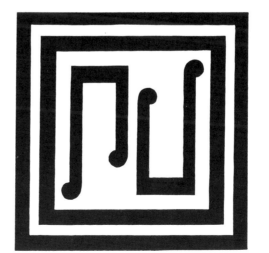

244

Schrift und Zeichen
L'écriture et le signe
Letters and signs

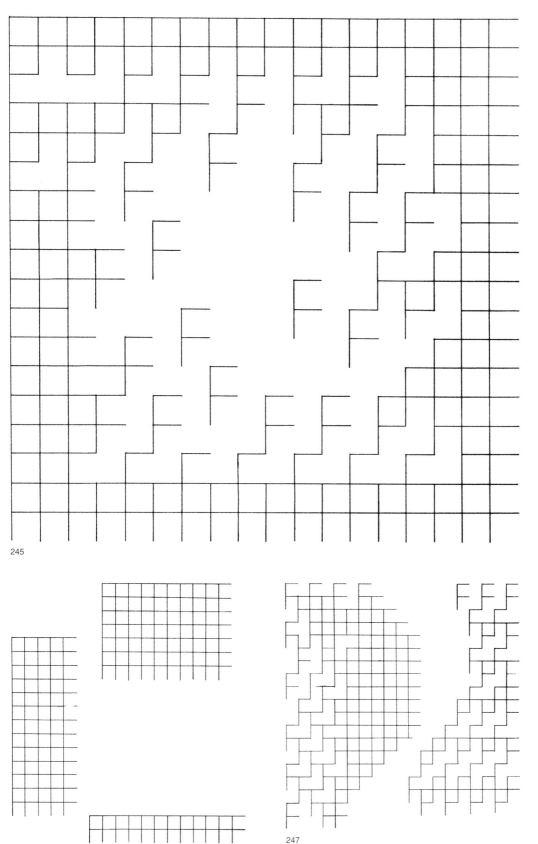

245 246 247
Rasterübungen. Aus dem
Kreuzlinienraster wird der
Buchstabe F herausgelöst.

245 246 247
Exercices sur trame. De la trame
quadrillée on extrait la lettre F.

245 246 247
Grid studies. The letter F is
separated out of the grid.

245

246

247

174

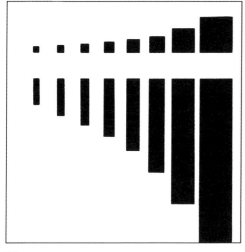

248

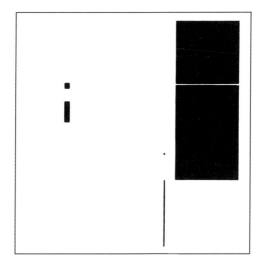

249

248 249 250 251 252 253
Kompositions- und Bewegungs-
übungen mit dem Buchstaben i

248 249 250 251 252 253
Exercices de composition et de
rythme avec la lettre i

248 249 250 251 252 253
Composition and motion studies
with the letter i

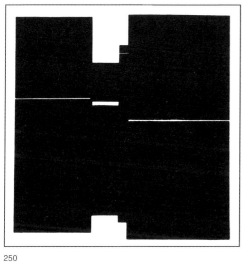

250

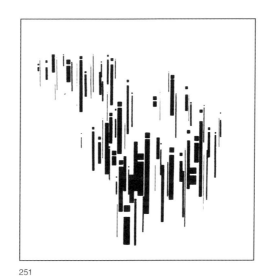

251

252

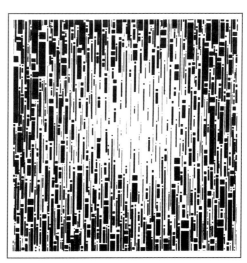

253

175

254

254
Kompositionsübung mit dem
Buchstaben i. Linien und Punkte
gruppieren sich nach verschiedenen
Gesetzen.
255
Kompositionsübung mit dem
Buchstaben H

254
Exercice de composition avec la
lettre i. Lignes et points se groupent
selon différentes lois.
255
Exercice de compositon avec la
lettre H

254
Composition study with the letter i.
Lines and dots are grouped accord-
ing to various laws.
255
Composition study with the letter H

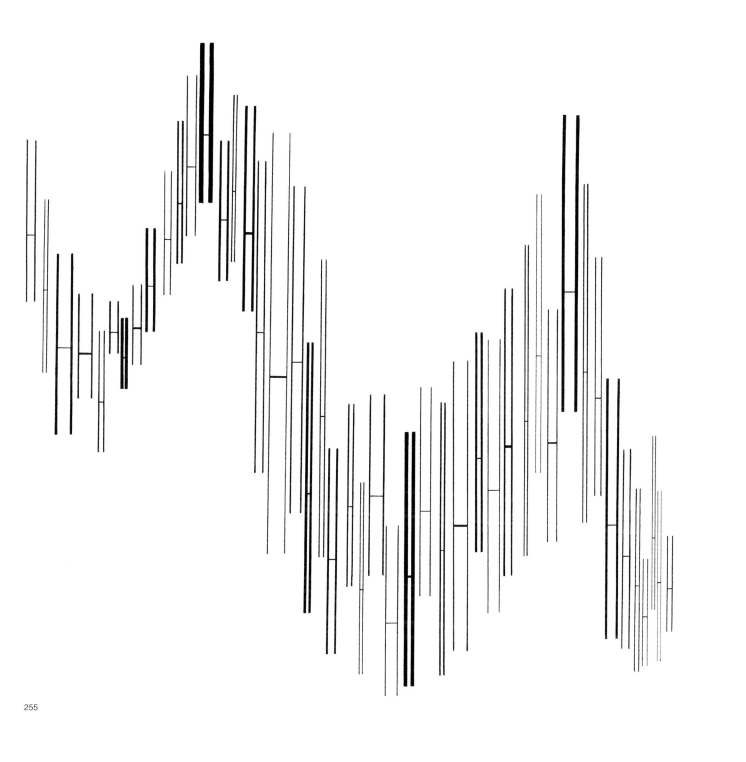

255

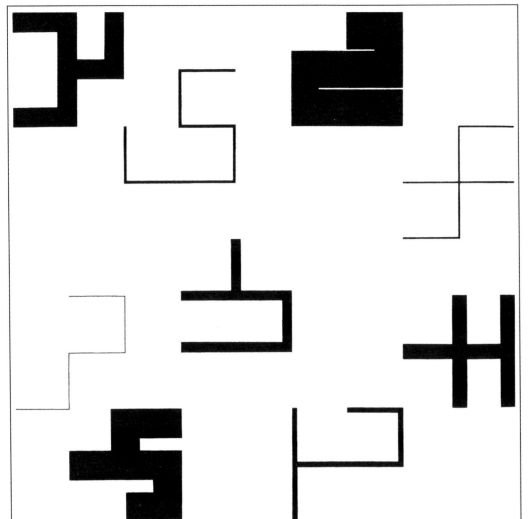

256

256
Senkrechte und waagrechte Linien
stoßen zusammen und kreuzen sich.
Durch die Differenzierung der
Liniendicke entsteht ein neuer
weißer Linienwert.
257
Drei Buchstaben H, auf das
äußerste differenziert

256
Les lignes verticales et horizontales
se rejoignent et se croisent. Les
différentes épaisseurs des lignes
transforment les intervalles blancs
en de nouvelles lignes.
257
Trois lettres H extrêmement différen-
ciées

256
Vertical and horizontal lines meet
and intersect. Differences in the
thickness of the line produce a new
white linear value.
257
Three letter H's showing extreme
variations of form

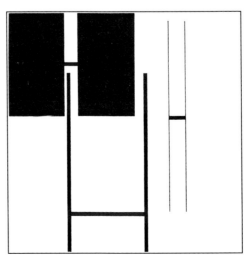

257

178

258

258
Fünf Buchstaben, aus waagrechten
und senkrechten Linien gebildet,
begegnen sich. Liniendicke und
Größe bestimmen ihr Gewicht.
259
Übung mit dem Buchstaben H.
Punktwerte auf der Linie.

258
Cinq lettres formées par des
horizontales et des verticales.
L'épaisseur des lignes
et la taille des lettres déterminent
leur poids.
259
Exercice avec la lettre H.
Des points de différente valeur sont
attachés à ligne.

258
Five letters made up of horizontal
and vertical lines meet. Their weight
is determined by their size and the
thickness of their lines.
259
Study with the letter H.
Dot shapes on lines.

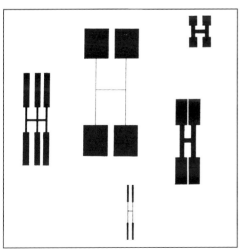

259

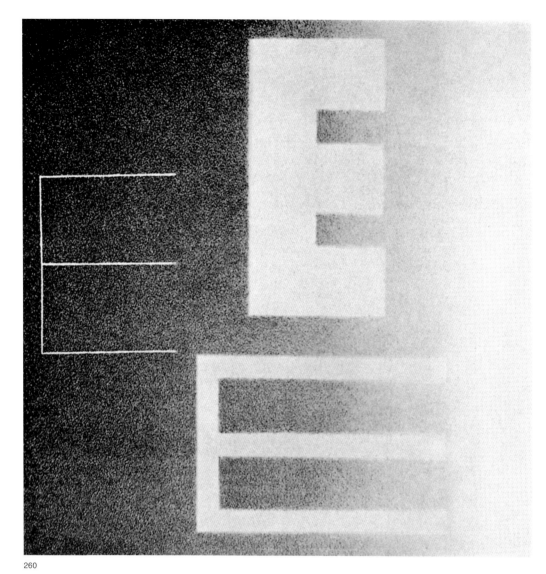

260

260 261 262
Übung mit dem Buchstaben E.
Ausgangspunkt der Übungen bildet
Nr. 261. Bei Nr. 260 klingt der dunkle
Hintergrund von links her ab, so daß
sich die beiden E auf der rechten
Seite in den aufgehellten Hintergrund
verflüchtigen. Umgekehrter
Vorgang bei Nr. 262.

260 261 262
Ecercices avec la lettre E. Le
numéro 261 est le point de départ
des exercices. Au numéro 260 le
fond sombre va en s'éclaircissant
sur la droite. Les deux E qui sont
dans cette partie s'en détachent de
moins en moins. L'inverse se produit
au numéro 262.

260 261 262
Studies with the letter E. No. 261
provides the starting point fot these
studies. In No. 260 the dark background shades away from the left so
that the two E's on the right side
lose definition against the lightened
background. The reverse process
is found in No. 262.

261

262

263
Der Buchstabe F wird zu einer
Gesamtform zusammengebunden.
264
Übung mit dem Buchstaben F.
Vier F tonwertmäßig abgestuft.

263
Forme globale née de la répétition
da la lettre F.
264
Exercice avec la lettre F. Quatre F
en dégradé sur un fond également
dégradé.

263
Letter F's are linked together into a
total form.
264
Study with letter F.
Four F's graded in tone value.

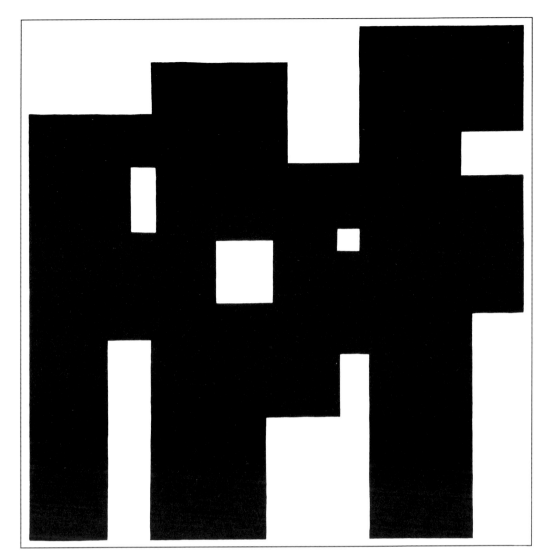

263

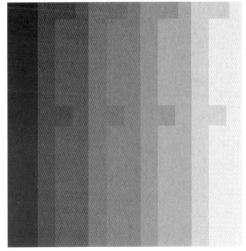

264

181

265

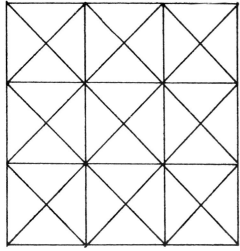

266

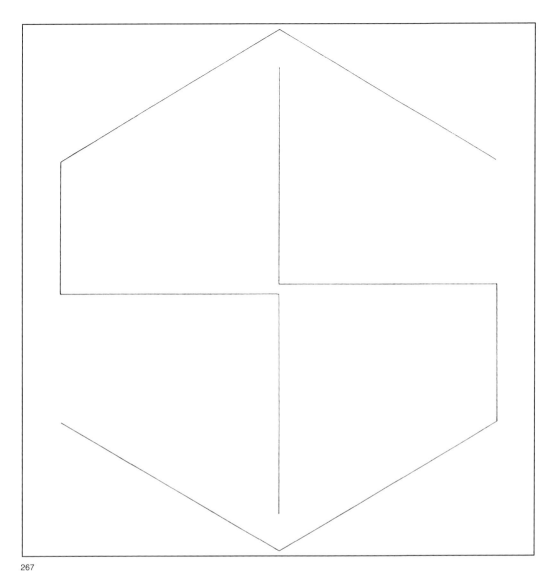

265 266
Die Schräge ist ein tragendes
Bewegungselement der Schrift. Aus
dem Raster Nr. 266 werden
verschiedene Zeichen herausgelöst
und in Nr. 265 kompositionell
miteinander in Verbindung gebracht.
267
Signet für die Firma Suter, Eisenbau

265 266
L'oblique est dans l'écriture
un facteur de mouvement
fondamental. Différents signes sont
retirés de la trame représentée au
numéro 266 et rassemblés en une
composition au numéro 265.
267
Marque pour l'aciérie Suter

265 266
The diagonal line is a structural
element in letters and imparts
movement to their form. Various
figures have been separated out of
grid No. 266 and linked together
in a composition in No. 265.
267
Symbol for the steel construction
firm of Suter

267

268

269

268
Aus einer einfachen geometrischen
Figur (zwei sich kreuzende diagonale
Linien im Viereck) werden buchsta-
benähnliche Zeichen herausgelöst.
269
Senkrecht, waagrecht und schräg
gestellte Elemente bilden verschieden gewichtige Buchstaben, die sich
zu einer Einheit gruppieren.
270
Buchstaben des Alphabets,
die aus waagrechten, senkrechten
oder schrägen Linien gebildet
werden.
271
Variation von Nr. 267

268
A partir d'une simple figure
géometrique (deux diagonales qui se
croisent dans un quadrilatère) on
obtient des signes ayant une
ressemblance avec des caractères.
269
Des éléments verticaux, horizontaux
et obliques forment des caractères
de valeur différente, groupés dans
un ensemble.
270
Horizontales, verticales et obliques
composent une bonne part des
lettres de notre alphabet.
271
Variante du numéro 267

268
Signs resembling letters are
separated out from a geometrical
figure (two intersecting diagonals
in a square).
269
Vertical, horizontal and oblique
elements form letters of different
weights which are grouped together
to form an unit.
270
Letters of the alphabet which are
formed of horizontal, vertical or
diagonal lines.
271
Alternative version of No. 267

270

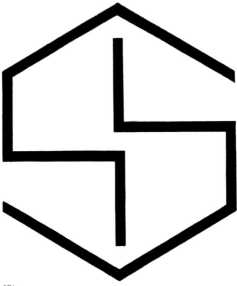

271

184

272

272
Packung für Putzmittel
273
Signet für Musiktagung

272
Emballage pour une poudre
à récurer
273
Emblème pour un congrès
de musique

272
Container for cleaning agent
273
Symbol for musical congress

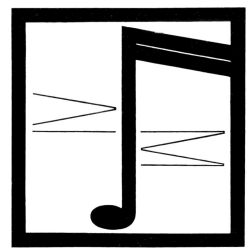

273

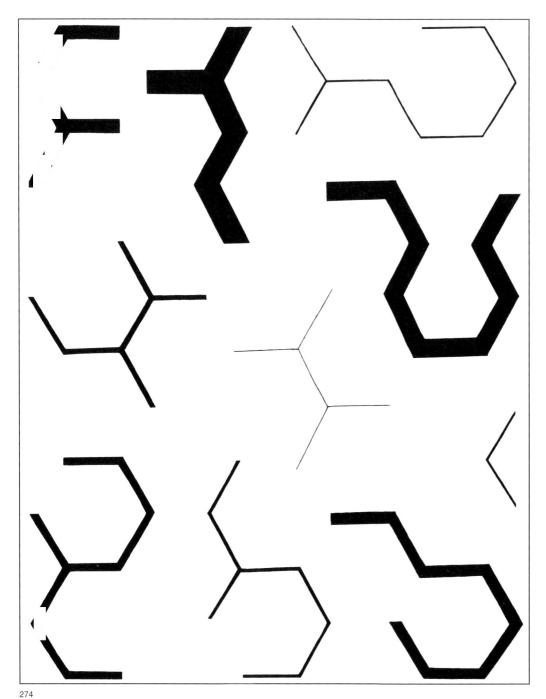

274
Zeichenbild

274
Composition de signes

274
Symbol picture

275
Zeichenbild. Neues Element:
die Rundung.

275
Composition de signes.
Nouvel élément: la courbe.

275
Symbol picture. Curvature is a new
element.

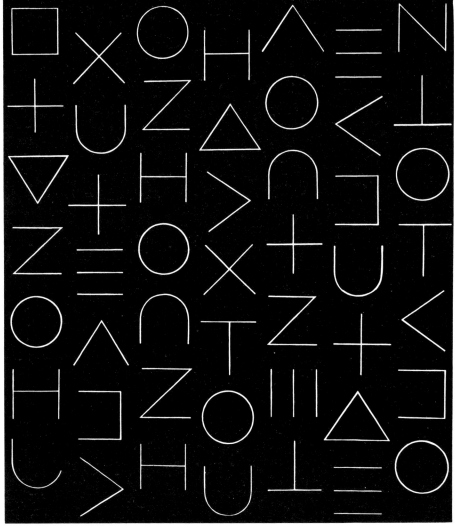

276

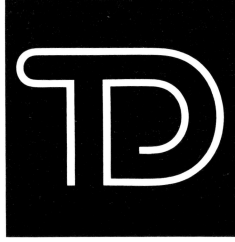

277

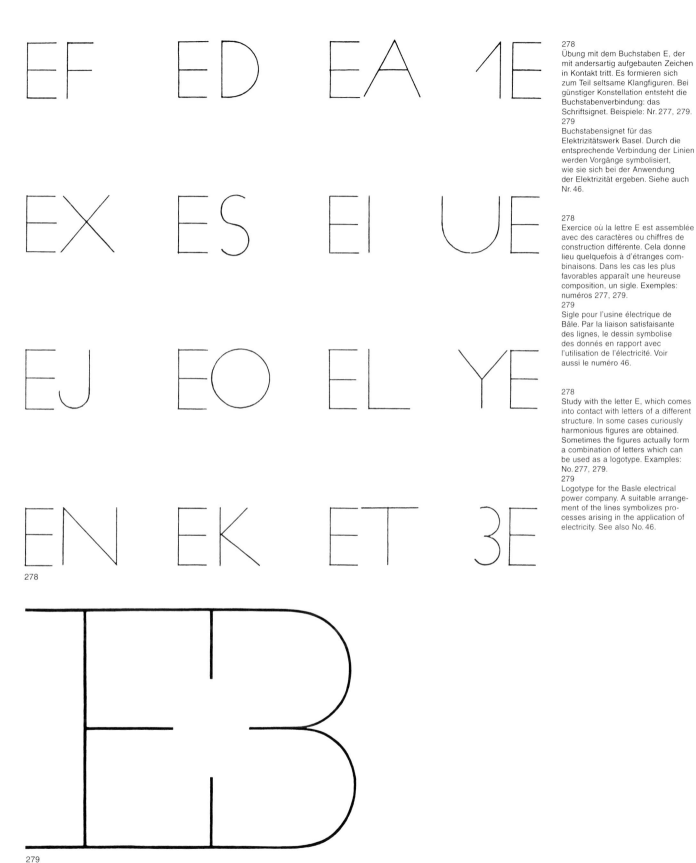

EF ED EA 1E

EX ES EI UE

EJ EO EL YE

EN EK ET 3E

278

279

278
Übung mit dem Buchstaben E, der
mit andersartig aufgebauten Zeichen
in Kontakt tritt. Es formieren sich
zum Teil seltsame Klangfiguren. Bei
günstiger Konstellation entsteht die
Buchstabenverbindung: das
Schriftsignet. Beispiele: Nr. 277, 279.
279
Buchstabensignet für das
Elektrizitätswerk Basel. Durch die
entsprechende Verbindung der Linien
werden Vorgänge symbolisiert,
wie sie sich bei der Anwendung
der Elektrizität ergeben. Siehe auch
Nr. 46.

278
Exercice où la lettre E est assemblée
avec des caractères ou chiffres de
construction différente. Cela donne
lieu quelquefois à d'étranges combinaisons. Dans les cas les plus
favorables apparaît une heureuse
composition, un sigle. Exemples:
numéros 277, 279.
279
Sigle pour l'usine électrique de
Bâle. Par la liaison satisfaisante
des lignes, le dessin symbolise
des donnés en rapport avec
l'utilisation de l'électricité. Voir
aussi le numéro 46.

278
Study with the letter E, which comes
into contact with letters of a different
structure. In some cases curiously
harmonious figures are obtained.
Sometimes the figures actually form
a combination of letters which can
be used as a logotype. Examples:
No. 277, 279.
279
Logotype for the Basle electrical
power company. A suitable arrangement of the lines symbolizes processes arising in the application of
electricity. See also No. 46.

280

280
Komposition aus bestehenden und
neuen möglichen Schriftzeichen
281
Zahlenbild. Die gleichen Zahlen
schließen sich zusammen und treten
als diagonale Bewegung verstärkt
in Erscheinung.
282
Römische Antiqua (Bleistift)

280
Composition de lettres existantes et
d'autres possibles
281
Chiffres. Les mêmes chiffres
acquièrent davantage de force
d'expression si leur combinaison les
situe sur une ligne oblique.
282
Antique romaine (Au crayon)

280
Composition of existing and possible
new letter symbols
281
Numerale picture. The same numerals
join together and are emphasized by
their diagonal run.
282
Roman lettering (Pencil)

2 3 4 5 6 7 8 9 0 1
3 4 5 6 7 8 9 0 1 2
4 5 6 7 8 9 0 1 2 3
5 6 7 8 9 0 1 2 3 4
6 7 8 9 0 1 2 3 4 5
7 8 9 0 1 2 3 4 5 6
8 9 0 1 2 3 4 5 6 7

281

QVI MOS FVIT APVD VETERES NEOS OBSCVRIS NEOS
PAVCIS EXEMPLIS COMPROBATVS VTI SIVE PROPRIA SV
SIVE AB ALIS CODITA MONVMETA IN PVBLICVM
PRODIRE ABSOS COMENDATIONE NON PATERENTVR EVM
MIHI QVOS SEQVENDVM NVNC ESSE IVDICAVI EXISTIMANS
MEA OFFITIVM NON ILLIBERALE OPERA PRAETIVM
MINIME VLGARE HOC MODO FACTVRVM ESSE
SIQVIDEM OFFICIVM NVLLVM MAIVS HABERVS DEBET
QVAM VTI POSTERORVM HOMINVM CVRAM HABEAMVS
NON MINORE QVAM DE NOBIS MAIORES HABVERVRVNT
ET HVERVSCE REIOCCASIO AVT ALIA NON EST AVT
CERTE NVLLA POITOR EST QVAM QVE IN ADOLESCENTIE
ANIMIS INSTITVTVM EST EXEMPLA COMPARANDA SVNT
QVE AD IMITATIONEM FORMANDAM IVENIBVS
VTILITER APTE PROPONI POSINT HAEC NVSQVAM
ALIVNDE RECTIVS PENTENTVR QVEX EORVM AVTORVM
ORDINE QVI INTER CAETEROS FVI GENERIS SEMPER
SVMMI EXTITERVNT OVELA CERTE GENVS NVLLA LAVDATIO
POSTVLAT SED A SEMETIPSO SVAM LVCEM HABET EXVE
VERO GENERE ANTIQVISIMV HVNC VATEM ESSE ECQVIS NON
AFFIRMARE VOLET SANE AVTORES ALIAB ANTIQVITATE
ALIA DOCTRINA AVT A GENERE IPSO IN QVO VERSANTVR
COMENDARE SOLET ANTICELIT THEOCRITVS FVI GENERIS
HISCE VNIVERFIS NOMINIBVS ALIOS OMNES CARMINIS HVIVS
TITVLVS EST BVCCOLICA ANTIQVISIMVM PORRO SCRIBEDI
GENVS ISTVD SOLEM ESSE CONFIRMAT ORIGINIS ANTIQVITAS
QVAE DIVTVRNITATE TEMPORIS IPSAM QVOS HOMINVM
MEMORIAM PRAEVERTISSE VIDET QVADO ADEO INTER SCRIPTO

282

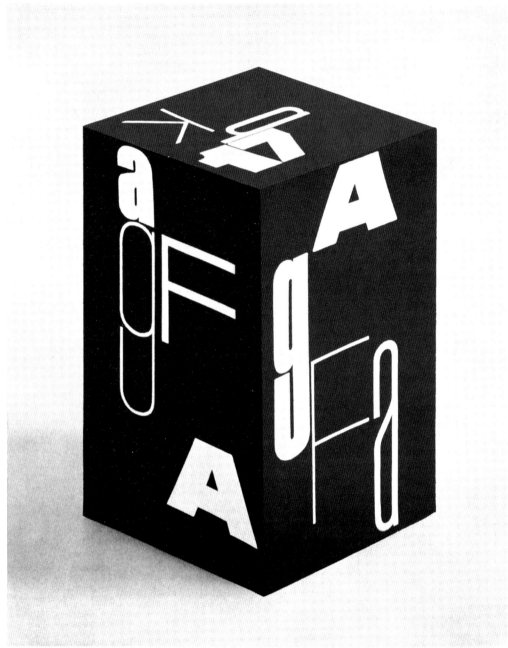

283
Zusammenklang verschiedener
Blockschrift-Buchstaben auf einer
Packung. Äußerste Differenzierung
der einzelnen Buchstaben. Die
Blockschrift eignet sich dazu ganz
besonders.

283
Harmonie de différentes lettres en
caractères bâtons sur
un emballage. Différenciation
extrême de chaque lettre. Les
caractères bâtons s'y prêtent
particulièrement bien.

283
Harmony of various block capitals
on a box. The individual letters are
designed in highly contrasted forms.
Block letters are particularly suitable
for this purpose.

284

284
Buchstaben-Komposition.
Ausgangspunkte sind Körper aus
Holz. Durch Kombinieren, Aus-
schneiden, Aushöhlen, Kerben
entsteht der Raum-Buchstabe.
285
Signet für Allgemeine Musik-
gesellschaft Basel. Die drei
Grundelemente Kreis, Viereck, Dreieck ergeben ein typisches Zeichen.

284
Composition de lettres. A partir de
morceaux de bois assemblés, évidés,
creusés, entaillés, on crée des
lettres à trois dimensions.
285
Sigle pour la Société Générale de
musique de Bâle. Les trois éléments fondamentaux, cercle,
quadrilatère, triangle, donnent
un signe typique.

284
Letter composition. Pieces of wood
provide the basic material and are
combined, cut out, hollowed out and
notched to produce the three-
dimensional letter.
285
Logotype for the Allgemeine Musik-
gesellschaft Basle. The three basic
elements of circle, square and
triangle make a distinctive symbol.

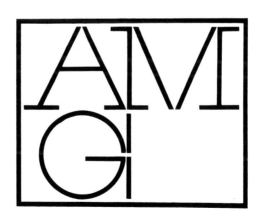

285

286

286
Plakat für Glühlampenfabrik.
Die Assoziation mit der Glühlampe
beruht auf der Gegenüberstellung
von schwarzem Hintergrund und
hellen Linien und Punkten.
(Linolschnitt)

286
Affiche pour une fabrique d'ampoules
électriques. L'association d'idées
avec les lampes électriques naît
de l'opposition sur fond noir de
lignes et de points clairs.
(Gravure sur linoléum)

286
Poster for an electric light bulb
manufacturer. The association with
the electric light bulb is elicited by
the contrast of the black background
and the bright lines and dots.
(Linocut)

287
Packung für Glühlampenfabrik.
Auf ähnliche Weise symbolisiert hier
der Duktus der Antiqua-Buchstaben
Licht und Leuchtkraft.
288 289
Die räumliche Anordnung der Schrift
wiederholt die Struktur der
Glühfäden und symbolisiert dadurch
die Strahlung des Lichts. Die
Einordnung des feinen Linienkreuzes
bei Nr. 288 verstärkt den Eindruck
der Subtilität des Materials
und des Vorganges.

287
Emballage pour une fabrique
d'ampoules électriques. De la même
manière, le graphisme des lettres
de type Didot symbolise la lumière
et son intensité.
288 289
La disposition des caractères
rappelle la structure des fils à
incandescence et symbolise le
rayonnement de la lumière.
L'utilisation d'un type filiforme au
numéro 288 renforce l'impression
de subtilité du matériel et du
phénomène.

287
Package for an electric light bulb
manufacturer. In a similar manner
the ductus of the classic letters
symbolizes here light and luminosity.
288 289
The spatial arrangement of the letters
repeats the structure of the filaments
and thus symbolizes the radiation
of light. The insertion of the fine
crossed lines in No. 288 underlines
the subtlety of the material and
process.

287

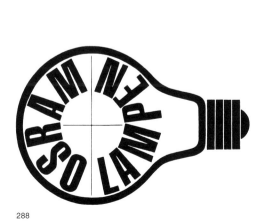

288

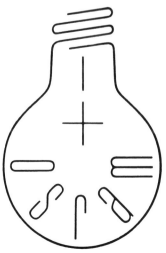

289

290
Kompositionsübung mit Buchstaben
und Zahl. Große und kleine
Rundungen, lange und kurze Gerade
verbinden sich zu einer Aussage.

290
Exercice de composition avec des
letters et des chiffres. Des courbes
grandes et petites, des droites
longues et courtes s'allient pour
créer le message.

290
Composition study with letters and
a numeral. Large and small curves,
long and short straight lines
compose into a positive statement.

290

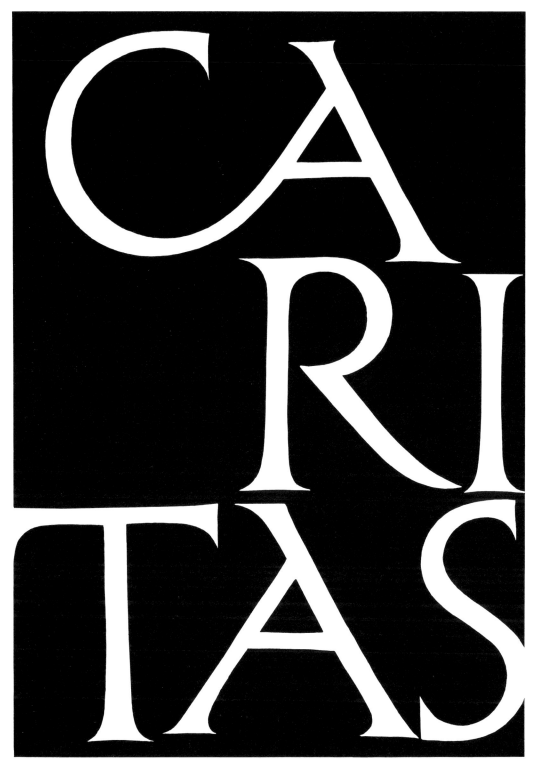

291

Wohltätigkeitsplakat für Caritas.
Die schrägen Linien bringen Leben
und Aktivität in die
Komposition. Durch die
Verdickung der Linien gegenüber
Nr. 290 wird der schwarze
Hintergrund mobilisiert und aus
seiner Passivität gerissen.

291
Affiche de bienfaisance pour Caritas.
Les lignes obliques donnent vie et
animation à l'ensemble. Grâce à
l'épaississement des lignes, par
rapport au numéro 290, le fond noir
est mobilisé et arraché à sa
passivité.

291
Charity poster for Caritas. The
diagonal lines bring life and activity
into the composition. By thickening
the lines as compared with No. 290,
the black background is mobilized
and brought out of its passive role.

292

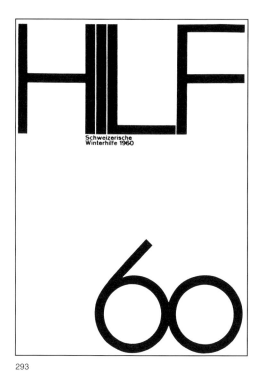

293

292 293 294 295 298
Fünf Wettbewerb-Entwürfe für ein
Winterhilfe-Plakat

292 293 294 295 298
Cinq projets de concours pour une
affiche concernant le secours
d'hiver

292 293 294 295 298
Five competition designs for a
"Winter Aid" poster

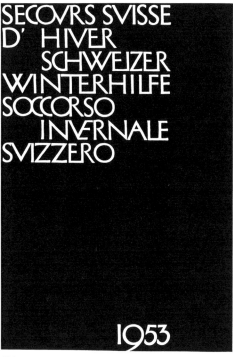

294

295

198

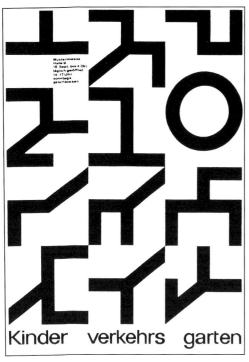

Kinder verkehrs garten

296

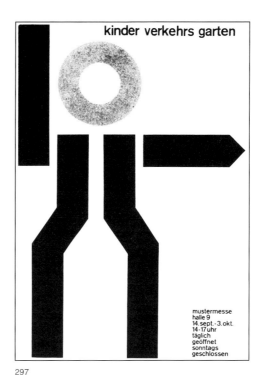

kinder verkehrs garten

mustermesse
halle 9
14.sept.-3.okt.
14-17 uhr
täglich
geöffnet
sonntags
geschlossen

297

296 297 299
Drei Wettbewerb-Entwürfe für
Kinderverkehrsgarten-Plakat

296 297 299
Trois projets de concours pour une
affiche concernant un circuit de
circulation pour enfants

296 297 299
Three competition designs for a
children's traffic school poster

winter
hilfe
1960

298

299

300

301

300 301
Zwei Entwürfe für Musikplakate

300 301
Deux projets d'affiche musicales

300 301
Two designs for music posters

Die Drucktechnik einer Arbeit ist in
den Legenden nur dann erwähnt,
wenn sie in irgendeinem speziellen
schöpferischen Zusammenhang mit
der Arbeit steht.

Dans les légendes, la technique
d'impression n'est indiquée que
lorsqu'elle participe à la création
de l'œuvre.

The printing technique is
mentioned in the captions only
when it has a particular bearing
on the creation of the work shown.